愛《アシュタール》、なぜこうなるの？

レディ・アシュタール
テリー・サイモン 著

あなたも私も愛を学ぶために地球にやってきた　～ご挨拶にかえて～

日本のみなさん、こんにちは！　私は、本書の主役であるアシュタールのチャネルをしているテリー・サイモンです。

アシュタールをご存じない方のために、少しだけ私のほうから説明させてください。

アシュタールは、元々は金星の出身で、地球のアセンションを見守り、サポートしてくれる高次の存在です。

また、宇宙連合のアシュタール・コマンド（司令官）であり、アセンデッドマスターとして、サナンダ（イエス・キリスト）や仏陀などとともに、11次元に存在しています。そして、地球が愛に満ちた調和と平和の世界になるようにつねにメッセージを送りつづけています。

アシュタールという名前は、金星の言語で「愛」を意味し、その名前のとおり、地球人たちを含めた全宇宙の成長を促しながら、真実の愛を伝えるメッセンジャーとしても多角的に活躍しています。

前回、『アシュタール・コマンド　魂がふるえる人生のブループリント』（ヴォイス刊）を出版して以降、今でもアシュタールは精力的に愛と平和を広めるために日本や海外でメッセージを伝えています。前作では、みなさんの魂の中に眠っている使命に関して、アシュタールに話してもらいました。

そして、このたび、ありがたいことに、第二弾となる本書が出版されることになり、私もアシュタールも再びみなさんにメッセージをお伝えできる機会をいただき、心から喜んでおります。

今回のテーマはずばり「愛」です。この愛というテーマこそ、アシュタールが得意とする分野であり、彼が地球人にもっとも伝えたいテーマのひとつです。そして、われわれ地球人全員にとっても共通する永遠のテーマではないかと思っています。

今の激動の時代に、あえてこの地球に生まれてきた人たちは全員がなんらかの形で愛を学ぶためにやってきたのです。言い尽くされているのに愛の正体がわからず、相手や自分自身をうまく愛せなかったり、愛と憎しみが交錯したり、結婚生活がうまくいかなかったり、真実のパートナーが見つからなかったり、人によって愛に関する問題はさまざまだと思います。

本書の中でアシュタールが語っていますが、私自身も地球人の女性のひとりとして、かつて愛する夫を亡くした経験を持ち、大きな喪失感やつらい痛みを味わい、その後、自分の心を自分自身で修復するまでのプロセスを体験してきました。その間にはとてもつらく、たいへんな時期もありましたが、そういう局面から逃げ出さずにまっすぐに歩いてきたことで、今現在は素晴らしい人と巡り会い、最愛の夫と幸せに暮らしています。おそらく、世界中に同じような体験をされてつらい思いをした方もいるでしょうし、今まさに愛の迷路に入り込んでしまって出口がわからなくなっている人もいるでしょう。

愛は100人いれば100とおりの形があります。どれが正解で、どれが間違いというものはありません。でも、もしも、あなたが今愛に傷ついていて、愛に迷い、愛にとらわれているとしたら、愛の使者であるアシュタールがあなたの進むべき道に灯りをともしてくれることでしょう。どうか本書が少しでもあなたの愛の導きになりますことを祈っています。

P・S
いつものことですが、アシュタールは地球のみなさんに愛に関してお伝えしたいことがとてもたくさんあってウズウズしているようなので、そろそろバトンタッチしますね！
みなさんに愛と光と叡智《えいち》を。

形而上学ドクター／レディ・アシュタール
テリー・サイモン

はじめに　アシュタールから地球人のみなさまへ

地球のみなさん、こんにちは！　アシュタールです。日本のみなさんにまたお会いできてとてもうれしいです。まずは、私の愛《いと》しいみなさん全員に、美しい祝福を贈ります。

今回の本のテーマは愛だとチャネルのテリーから聞いています。それを聞いて、私のハートは喜びで大きく高鳴っているのです。なぜなら、私は金星からやってきた愛の戦士だからです。私が元々住んでいた金星は愛の惑星です。人々は愛に包まれ、惜しみない愛を受け取り、愛を与えて、愛を循環させて暮らしていました。その金星が無くなるとわかったときに、私たちはそこを去らねばなりませんでしたが、この地球を見たときに、金星と同じように愛があふれていることを知り、感動したのです。この惑星は愛でできていると確信しました。

しかし、現代人は多くの人が愛の迷子になってしまっています。地球人には愛というエッセンスが元々魂にインストールされていて、愛を学ぶためにみんな地球にやってきたのに、複雑なものと考えてしまったり、愛を受け取る価値がないと卑下してしまったり、愛がもとで大きな戦争になってしまったり、虐待したりされたり、悲しんだり、傷ついたり、本当にさまざまな感情が交差し、混乱している人たち、傷を負っている人たちもたくさんいます。その人たちにいいたいのです。

あなたには愛を受け取る資格があります。
すでにあなたは愛されています。
少なくとも私はあなたを愛しています。

ですから、どうか、あなたの価値を知ってください。この世界は混乱していますが、そこには確実に愛があります。愛は数多くの人たちの心の奥底に存在しているのです。そして、それが美しい情熱となっています。ですから、みなさんも自分の愛と情熱の道を歩いてください。そして、真理のなかに生きてください。
どうか、この本によって、愛の迷子がひとりでもいなくなりますように。そして、愛しいみなさんが自分自身の輝きを取り戻し、愛を十分に受け取れますように。

11次元より愛と祝福を！
ロード・アシュタール

目次

アシュタール　愛、なぜこうなるの？
CONTENTS

Q. 何度も結婚するのは、間違った相手を毎回選んでしまっているということですか？

Q. 不倫はいけないことなのでしょうか？

Q. 不倫や三角関係を繰り返す人は、なにかを取り返そうとするカルマを負っているのでしょうか？

Q. 過去の大きな失恋や離婚がトラウマになって次に進めないのですが。

Q. 結婚という形を選ぶ必要はあるのでしょうか？

Q. 好きになる人が、いつもダメな男性、もしくは女性なのは、どうしてでしょうか？

Q. 恋愛依存症やセックス依存症の人たち、いわばロマンスハンターのレッスンとは？

Q. ＬＧＢＴであることを公言する人が増えてきていますが、なにを象徴しているのですか？

Q. 自分が同性愛者やトランスジェンダー（性同一障害）であることを親や友人に隠しつづけているのですが、この生きづらさをどうすればよいですか？

オなのですか?

Q. シングルマザー、シングルファーザーの家庭の、親子には共通のレッスンがありますか?

Q. 親を愛せない人の学びとは?

Q. 子どものいない、または恵まれない夫婦のレッスンとは?

Q. セックスレスという現象は人類の進化と関係があるのでしょうか?

Q. 11次元では子どもはどう増えていくのですか?

Lesson5

愛のケーススタディ…人以外との向き合い方

~お金・ペット・2次元・環境・地球~

Q. お金に対して人はどういう関係をつくっていったらよいのでしょう?

Q. 趣味にはいくらでも愛情を注げますが、人には注げません。

Q. 今の環境問題に心を傷めているのですが、自分にはなにができますか?

Q. 今地球上で起こっている戦争すらも、人が愛を学ぶためのプロセスなので

Lesson 1

愛は人類のＤＮＡにインストールされた究極のエッセンス

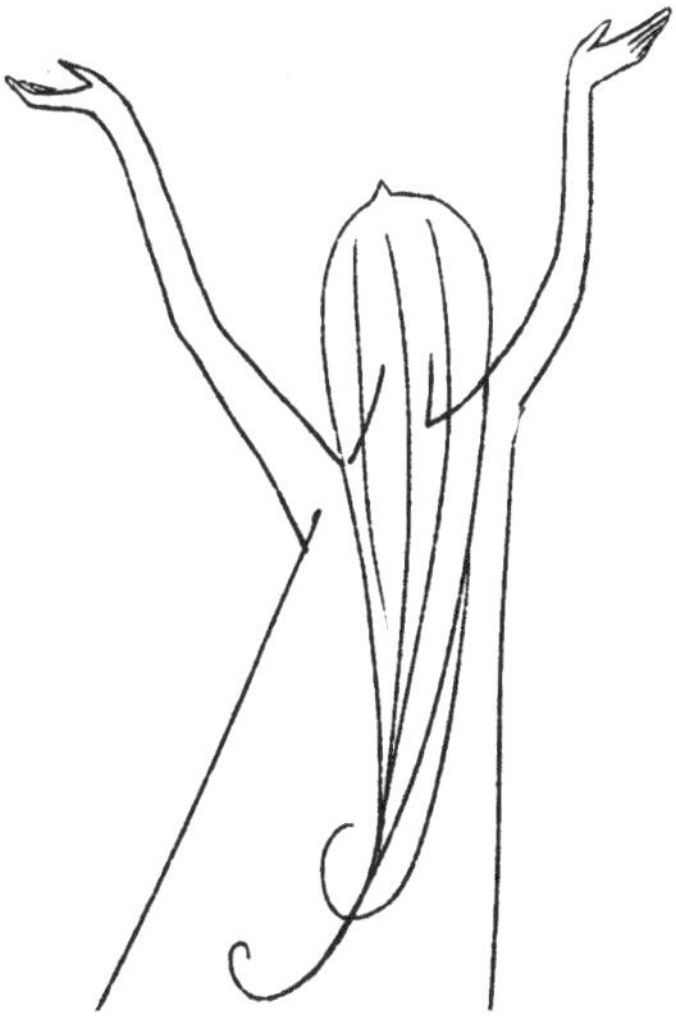

さまざまな側面を持つ愛の形

愛というと、すぐにみなさんは、甘いロマンス的な恋愛を想像するかもしれませんが、それはさまざまな愛のなかの一側面です。

愛とは、とてもパワフルな感情です。愛とひと言で言っても、あらゆる形があり、その対象は無限であり、とても壮大で深遠な世界です。

自己愛、家族愛、隣人愛、地域愛、国への愛、動物たちや植物や生きるものすべてへの愛、環境への愛、地球への愛、宇宙への愛、神への愛、すべてへの愛……。

目の前にいる恋人に胸を高鳴らせたり、家族を大切に想ったり、走っている馬の美しい姿に心を揺さぶられたり、周囲の人たちを気にかけたり、動物を慈しんだり、一輪の花に心を動かされたり、人は日々なにかに愛を与え、そして、なにかから愛を受け取っています。

人生から愛を切り離すことは無理でしょう。人は愛と無縁では決して生きていけません。人は愛とは切り離せないし、切り離されません。**人には元々愛がインストールされていて、それぞれがそれぞれの愛に関するテーマを決めて、この地球上に生まれてきています。**そのテーマはもしかしてとても大きく重いものかもしれません。でも、その人にとってそのテーマを探究し、体験することが、魂の成長にもつながるのです。

この「愛」というテーマについて深く向き合ったときに、ポイントになるのはバランスだと私は考えています。

たとえば、この世界においては、悲しいことにあちこちで戦争が起こっています。戦争はもちろんよくないことですが、これもひとつの愛の形だということができるのです。

AとBが戦争をしているとしたら、AはAなりの、BはBなりの情熱を原動力にして戦っています。最初の理由はなんだったのか。家族のためだったのかもしれません。自分が生きるためだったのかもしれません。あるいは思想のためだったのかもしれません。とにかく一人ひとりにとって、とても大切ななにか、譲れないなにかのために命を捧げてもよいと思った上で引き起こされたものに違いないのですが、それが対話などではなく、武力衝突という行動へ向かってしまっているということなのです。

普段私たちが目にする愛は大抵が美しいもので表現されるため、愛におけるネガティブな側面など、みなさんは知りたくないと思います。けれども、行きすぎたり、愛する方向を間違ってしまうと、極端に言えば、この戦争の例のような状態にもなりかねないのです。

愛には元々さまざまな形がありますが、人の強烈な情熱など、ほかの要素が絡み合うことで、より複雑になっていきます。ですから、**あなたがどんな愛と向き合うときにも、愛し方のバランスを間違わないように**してください。

地球人とは異なる11次元の愛とは？

私の存在する11次元での愛の概念についてお話ししておきます。11次元では、愛の概念や結婚という考え方が地球とは異なります。

私たちの世界では結婚という形式や制度はありませんが、神聖なつながりがあります。神聖なつながりやご縁という部分では地球と似ていますが、大きな違いは、私たちは自分にとっての**ツインフレーム**（ひとつの魂が分かれて別々の存在になった状態。同じ目的、同じ使命を持つといわれている）が見えるのです。私たちにはベール（いわゆるオーラのようなもので、それに包まれているとその人の本質が見えにくい）がありませんから、ツインフレームが現れると目で見えますので、その存在がすぐにわかります。

しかし、この地球上では、人々はたくさんのベールによって守られていますので、自分のツインフレームがすぐにわからないかもしれません。

また、11次元にも情熱や他人に対する愛はあります。内側にある宇宙のスパークが関わってきます。これは地球にも同じように起こっている現象なのですが、私たちのようには地球の人たちは気づいていません。

11次元の愛に別れはない

11次元においては、ツインフレームと運命的な出会いを果たした場合、実際にお互いに電気の衝動のようなものが起こることがあります。地球上でもこうした話を耳にしたり、体験された方もいるとは思いますが、私たちの場合はもっと強烈です。これは**「スパーク」**という現象で、**2つのスピリットが一緒になるべきだということを示す、とても素晴らしいサイン**のこと。日本人ふうに言うなら、お互いになにか「縁」のある者同士であることが一目でわかるのです。

そのとき、私たちのスピリットの光は脈を打つように波打ちます。そこにはなにも隠されたものがありません。スパークが大きくなって、小さくなって、また大きくなって……という収縮の波が繰り返し起こります。これは地球で例えるなら、キスだったり、ハグだったり、セックスだったり、ボディの触れ合いだと言ったらわかりやすいかもしれません。11次元では実際の肉体の接触はありませんが、そのかわりに、やがて光がひとつになり、螺旋《らせん》を描きます。それは、それは、とても美しいものですよ。

その状態はずっと続いていきますが、もしも片方の存在が別のなにかを必要とするようになったら、その螺旋はほどけていきます。地球ではそれは〝別れ〟を意味しますので痛みをともなうものかもしれませんが、**私たちが存在する11次元の世界には、そういった意味の〝別れ〟はありません。**

まずスパークというサインが現れ、やがて学びが終わると絡み合っていた螺旋がほどけていきますが、このとき、どちらかを否定することで螺旋が解消されるわけではなく、お互いを尊重することで、愛はそのまま存在し、その後もずっと永続していきます。お互いが〝別れ〟ではないと知っているのです。これがバランスのとれている状態なのです。

それぞれが個別の光に戻っても愛はつづいていきます。ツインフレームでいるときには美しい爆発のような状態で、とてもいい気分になったり、ハイになったりしますが（これは地球でも同じだと思います）、そんな情熱の愛から、家族のような穏やかな関係に変化する場合もあります。

ちなみに、私のツインフレームはアテナという存在になります。これは私の女性性の部分です。地球においては、男性性と女性性のバランスが大事だと思いますが、女性性のアテナと男性性のアシュタールは2人でそのバランスを保っている、と考えるとわかりやすいかもしれません。アテナと私の間にもスパークが生じて螺旋の絡み合いが起こり、それがやがて解けて、別々の存在となりました。これが「(学びが)完了した」ということです。

一方、私のチャネルであるテリーは、ツインフレームではありませんでしたが、その時代、私にとってとても大切な存在でした。後の章で詳しくお話ししますが、11次元では性別がありません。ですか

ら、男性と女性、男性と男性、女性と女性という性別によるカップルの括りもありません。しかし、テリーは私にとって、この地球でいうところの妻のような役割を担ってくれていました。アテナのように彼女はツインフレームではありませんが、そうでなくても、パートナーとして一緒にいる存在もあるのです。

あなたがた人間の世界にとっては性別がまだ必要なので、私は宇宙船のコマンダーでもありますし、ロード・アシュタールと名乗っています。

一方のテリーも、当時は巫女《みこ》だったり、女性性のエネルギーが強かったので、今の地球でいえば、私にとって妻という立場だと説明するほうがわかりやすいでしょう。そういう関係だったがために、私は今でも簡単にテリーの肉体を借りて、この地球に降りてくることができるのです。

Lesson 2

愛のケーススタディ
パートナーシップ

～結婚・不倫・三角関係・別れ・依存・ＬＧＢＴ～

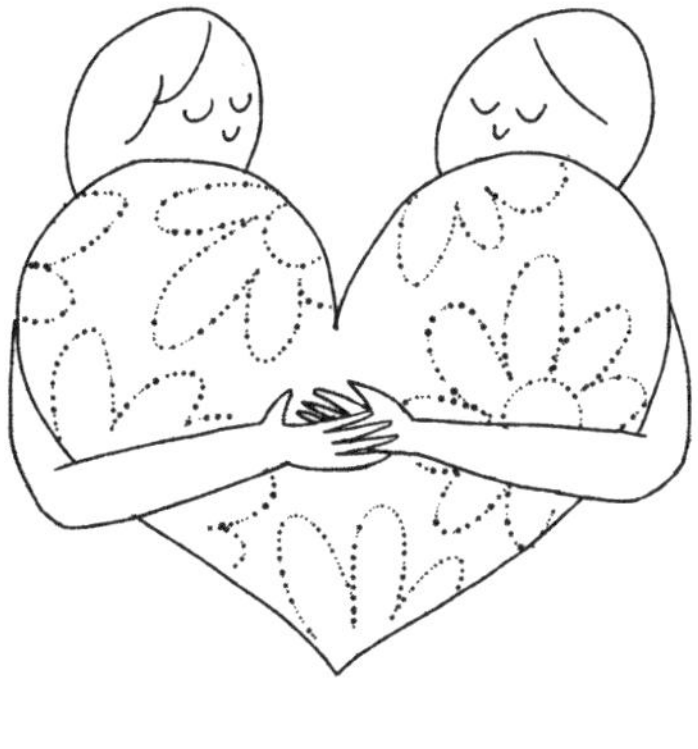

では、本章から、さまざまな愛にまつわる問題を具体的な質問とともに個別のケースで見ていきましょう。最初にお伝えしておきますが、**同じ問題を抱えていても、AさんとBさんとCさんではそれぞれ原因や解決方法が異なります。**

この地球上に生まれ落ちてからの家庭環境が違いますし、家族構成や生育環境も違いますし、その人たちがそもそも決めてきたミッションも違うはずです。

ただ、今現在、似たような問題を抱えている、似たような課題に取り組んでいるということなのです。

ですから、あくまでも私がお答えするのは、11次元から見て一番多いケースはこうであるという見解や概論です。

それを参考になさった上で、ご自分の意志で人生を決定していってください。いつでも、人生を決めるのはあなた自身です。誰もあなたの人生を代わりには生きられません。

Q. 一生独身でいる人たちが増えています。これはどういう愛の学びなのですか？

世界的にみても、今、生涯未婚率が高くなっていて、とりわけ日本の男性に急増していると聞いています。しかし、これはすべてひとつにしてはいけません。いろいろな異性とロマンスを楽しみたいから自分の意志でシングルを貫くという人もいれば、過去のトラウマからひとりでいることを選ぶ人、結婚したいのに良縁に恵まれずいまだ独身でいる人など、ケースバイケースです。ですので、それぞれを注意深く見ていく必要があります。

シングルでいる人たちには個人的なミッションが深く関わっています。彼らの多くは何度も地球に生まれ変わっていて、愛に対してきちんと尊重していなかった時代があったり、しっかりした関係を築いていなかった時代があった人も多いです。

また、虐待などを通して心や身体を傷つけられてしまったまま癒やされていない人もたくさんいます。そういう人は、この地球で、今休息をとっていることも多いです。

他人によって自己が制限されることを怖がる

ほかに、誰か特定の相手が今いないけれど、特に困っていないし、相手を求めていないという積極的シングルの人たちもいます。

彼らは愛のレッスンの真っ只中にいるということです。キーワードは「独立・自立」です。頼りたくないし、頼られたくないという信念を持っている場合が多いです。

たとえば、誰かと特別な関係を持つことによって発生する責任をもう持ちたくないと思っているのです。ロマンスは求めているけれども責任はとりたくない、自分がパートナーと安心して暮らせるという保険は欲しいけれど、相手への責任は取りたくないのです。

過去世のカルマや記憶、または幼少時の環境や家族関係など、さまざまな理由（単一の理由もありますし、複合的な理由の場合もあります）からそういう信念を持っています。

現代の地球の多くの国では、一夫一妻制であり、このシステムはさまざまな責任がかかってきます。過去にそういう記憶がある人たちの多くは、このシステムに快適さを感じていません。そうなると、異性と一緒に長くいることができない、そういう決断ができないということになってしまいます。同性を愛するように、異性を愛せないということになってきます。一夫一妻制は、一部の人たちの愛の感情に制限をかけてしまうのです。言い換えると、個人個人のアイデンティティ（自己認識）にストップをかけてしまいますし、結婚もしくは結婚と同等のパートナーシップは、個人としてのアイデンティティを失ってしまうというふうに信じられています。それを一部の人たちは気に入らず、いやがっているのです。

本当は、結婚してもお互いの個人的な部分をそのまま維持しながら、一緒にいたり、一緒に仕事をしたり、一緒に家族をつくり上げたりしていき、人生が進んでいく形もたくさんあります。この2人は分離していません。

ですから、シングルの方、個人個人でいる人たちは**過去世の傷を今世で癒やしている人たち**か、または、**相手に対しての責任をとることを怖がっている人たち**、または、**自分の自己認識を失うことを怖れている人たち**です。

相手が欲しいと思っている人たちの中には、ちょっとしたロマンスを求めている人たちもいます。このグループの人たちは恋愛を楽しみたい、誰かひとりに束縛されたくないという信念がありますので、本能のまま、蝶々のようにあちらからこちらへとロマンスを楽しむ人生を過ごします。ただし、自分の価値観や信念がガラッと変わってしまうような体験や出会いによって、一気に結婚を選択する場合もあります。

また、結婚したい理由が、誰かに自分の面倒をみてほしいと願って、相手を探している人がいますね。

しかし、これはしっかりした結婚をつくり上げるものではありません。自分のアイデンティティをしっかり維持したまま、2人の存在をブレンドしていけば、自分の本質をなくさないまま、理想の関係性をつくりあげることができるのです。

結婚したいのにできない人たちのケース

積極的シングルとは真逆で、結婚したいのに結婚できない人たちも男女ともにたくさんいます。本人も健康で、よい仕事もあり、十分な収入もあり、家まで建てたとしても、パートナーが見つからないという人たちがいますね。特に日本も含めて先進国では、生涯独身率が年々高くなっているそうです。

そういう人たちの中には結婚相談所に何年も通い、たくさんのお見合いをして、たくさんの相手に会っても、断られたり、途中で「この人じゃない!」と感じてお別れしてしまったり、結婚まで漕ぎ着けない人もいます。いくつか理由がありますが、ひとつには自分が求めている相手があまり現実的ではなかったりします。

また、親や周りが結婚しなさいというから、本人もそう思い込んでいますが、実際の潜在意識では結婚したくないと思っているケースです。そのレッスンはなにかというと、妥協すること、忍耐すること、理解すること、そして、自分自身について学ぶことです。本当に自分はなにを求めているのか、探しているのかを学んでいます。

若い独身女性はかっこいい映画スターのような男性を探していたり、男性は美しく優しい女性を求めていたり、理想はどんどん高くなっていくものです。「彼はハンサムで誠実で優しいけれど、お金がないし、背が小さくていや！」とか、「彼女は心もキレイだし、笑顔も素敵だけど、ちょっと太っているんだ。僕はモデルみたいなスリム体型の女性が好きなんだ。それに料理も下手だから」とか、いろいろな条件を挙げて、ひとつでも自分の理想と違っていると、もう次だと思ってしまうのです。

相手がお金持ちでなかったら、共稼ぎで頑張ればいいのです。相手が料理下手ならば自分が料理を勉強してつくってあげればいいのです。相手が太っていてもいいじゃないですか！　病気になるほど太っていたら問題ですが、そうだとしても、一緒にダイエットを兼ねて毎日ジョギングをするとか、健康的な食べ物を一緒に手づくりするとか、共通の時間をそれに充てればいいのです。

実際、ひとつずつの問題は解決法があるのです。でも、そこまで動こうとはせず、「ああ、もういやだ！　この人は自分の理想とする相手ではない」と思ってしまうのです。もちろん、会って、話してみて、この人にはピンとこない、生涯一緒にいる相手ではない、と感じることもあるでしょうし、それはそれで自分の直感を信じてよいと思います。出会った瞬間、２人の間にスパークが起こらなかったら、もしかしてそれはご縁のない相手なのかもしれません。

ただ、理想というのは、ある種のモンスターです。時間が経つほど人間は、若さや体力、気力、美しさなどが少しずつ衰えていきますが（内面的美しさは別です）、それと反比例して、相手への注文が高くなっていき、理想が高くなっていく場合もあるのです。

相手のよいところを見て、悪いところを見るなとは言いませんが、悪いところが本当に悪いところなのか？　それを考えてみてください。自分が求めている理想がとても狭い範囲で固定化されていないか検討してください。

それと大事なポイントですが、あなたは自分自身をパートナーに見ているのです。まるで鏡みたいなものです。パートナーとして適切な人が現れたとします。でも、じっと相手を見て、「うーん、ちょっと違うな」と思ったりします。それは、その人に見出しているいやだと思っている部分は、実は自分の中にもあるのです。シングルで相手を求めている人たちにこの話をすると、みんないやがるのですが（笑）、相手にはまったく問題がないのに、いやだと思うのは、自分の中に共通している、欠点まではいかないけれどいやな部分があるということです。

年齢を重ねた人の結婚も大きな学びがある

また、年齢を重ねている独身者のケースでは、相手が離婚経験がある人はいやという人もいます。自分も年齢がいっているにもかかわらずです。離婚経験のある相手と結婚したら、自分の親はなんていうだろう、相手の子どもを育てるなんてまっぴらだ、と思う人もいます。

自分がどういう人を求めているのかということに関して、もっと現実的な見方をしなければいけません。年齢がいっているから誰も見つからないなんて言い訳をしている人もいるかもしれませんが、パートナーを求めている男性、女性はこの世界でたくさんいます。人々が一緒になるということは、お互いに教えるというレッスンがあり、それを学びます。そして、ともに成長していきます。長らく自分が気にしていたようなことや欠点が実は問題じゃなかった、ということがわかるようになります。ほんの小さなことは大きな全体像からみれば、わずかなことであり、気にすることではないのです。

初対面では大きな欠点や気に入らないように見えたものが、何度も会っているとそれが逆にかわいくみえたり、チャームポイントに感じることもたくさんあるでしょう。完璧なものを見出すのではなく、自分のハートから相手を見て、相手は本物かどうか、同時に、あなたは本物かどうか。また、自分のハートから見て、相手は優しく誠実かどうか、同時に、あなたは優しく誠実かどうか。相手を見るということはあなた自身を見るということです。相手がいないと言っている人たちは、自分の狭い理想がそれを阻害してしまっているのです。

ですから、もしも今、シングルの人でパートナーが欲しい、結婚したいと切に思っている人がいたら、ドアをいつも開いておいてください。相手に対してこまかい注文や高い理想を持っていると、ドアがほとんど閉まった状態です。まずはドアを全開にして、いろいろな人がそのドアから入ってくるようにしましょう。そうでないと、どんなに素晴らしいものを持っている人が近くにいても、締め切ったドアから入ることはできませんから。

出会ってスパークを感じたらまずは一歩踏み出す

もちろん、シングルが悪いといっているのではありません。それを今世で選んできた人もいますし、ほかのミッションを達成するためにシングルでいることを今世の目的としてやってきた人もいます。

ですが、もしもパートナーがほしくても見つからない人や、結婚という制度によって自分自身が変容してしまうことを怖れている人たちがいるとして、彼らにお伝えしたいのは、自分自身はアイデンティティをしっかり持ちつづけ、なにも変わらずに、その上でパートナーとともに生きていく選択ができるということです。

すべては自由意志ですので、自分で選ぶことができます。もしも誰かと出会った瞬間にスパークが見えたら、「これはなにかのサイン！」と思って、勇気を持って次のステージに上がってみてください。新しい景色があなたを待っているはずですよ。

Q. 何度も結婚をするのは、間違った相手を毎回選んでしまっているということですか？

好きで結婚をしても、自分のアイデンティティを失ってしまったとか、場合によっては家庭内ＤＶや虐待ということが起こってしまったケースもあるでしょう。**何度も結婚して離婚を繰り返す人たちの一部は、カルマを解消しようとしている人たちなのです。**もちろんケースバイケースですので、全員ではありませんが。

少々カルマについて説明しましょう。あるグループに関わるカルマのスパークがあって、お互いに惹《ひ》かれあって結婚したとします。女性はお金を求めているのに、男性はお金を持っていないとか、男性は母性を求めていたのに女性は母親的な要素を持っていない人だったりという不一致があるとします。それはカルマを活性化させるので、カルマをなくしていく作業になるのです。そこで、お互いに「ありがとう」と感謝して、別々の道を選ぶことになるのです。

そのときにはお互いにカルマの解消を果たす役目として必要だったのです。でも、その後、もうお互いに必要ないなと思ったら、それはミッションが完了した、愛のレッスンを1つ終えたということです。「さあ、次にいこう！」となって、もしかしてもう生涯お互いに会わないかもしれませんが、それでよいのです。カルマは1つ解消されています。2度とその2人は会わなくても、ほんの小さな光が残るんです。それは完了したという意味のスパークなのです。

ですから、たくさんの小さなカルマがあるという人生を選んで生まれてきた人たちは、こういう形で愛のレッスンを終えていくのです。

カルマを解消するたびハートの穴が塞がっていく

人間の多くは2000回くらい生まれ変わっているのですが、そのたびにさまざまな体験をしますので、それらの体験が刻まれた細胞の記憶のようなものをたくさん持っています。

そして、ハートの中の小さな穴を埋めていくような作業をしていくのです。誰かがその穴を埋めるためのチップを持っていて、その人が相手のハートのひとつの穴を埋めます。次の人がまた違うチップを持っていて、あなたのハートの穴をまたひとつ埋めてくれます。

そうやって、お互いに持っているチップを埋め合っていったりする役割もあるのです。ハートをイメージしてみてください。そのハートには、スイスチーズのようにたくさんの小さな穴が開いています。あなたのハートに開いているいくつかの穴を埋めるチップをみんながそれぞれ持っていて、埋めてくれます。もちろん逆もしかりです。あなたが持っているチップが誰かのハートを埋めるチップになるのです。

いろいろな体験をするたびに、このハートの穴が埋められていき、カルマを解消していっているということです。 たとえば、あなたのパートナー、父親、母親、姉妹や兄弟、友人、隣人、会社の同僚や上司などなど、周りにいる人たちの中には気が合わないとか、苦手だと思う人もいるでしょう。でも、彼らは全員あなたのハートの穴の一部を埋めてくれるチップを持っている人たちなのです。そして、そのチップをハートに埋めることで、あなたはまたひとつのカルマを終えることができるのです。ですから、出会う人にはすべて意味があるということです。また、同時に、彼らにとっても、あなたが持っているチップをハートに埋めることで、彼らのカルマがひとつ、またひとつと解消されていくのです。気づかなくてもお互いがお互いのためになにかの役に立っているのです。

Q. 不倫はいけないことなのでしょうか？

ラブアフェア（不倫）に関しては、これまでもとても多くの人たちが質問してきました。それくらい**多くの人たちが不倫の悩みを抱えている**ということです。

「僕は君が大好きだ。僕が探し求めていたすべてが君にはある。君が必要だ。でもひとつだけ問題がある。それは僕が結婚しているということだ」という男性は（もちろん女性もですが）世界中でたくさんいるでしょう。

では、この問題をどのようにみていったらよいでしょう。

まず、結婚するということは、多くの国で採用されている一夫一妻制のもとでお互いに神聖な誓いを立てるということです。不倫は、そのお互いの誓いに反するということですし、この誓いは神に対して行うことでもありますので、神との約束を反故《ほご》にするということです。どちらにしても、神との約束を破ったという点ではよくないことです。

そして、もし不倫をしてしまうと、一般的にそこには強い罪悪感が湧いてきます。最終的にその罪悪感が2人の関係性を破壊してしまうことになります。2人にとって、それもよくないことです。

しかし、見方を変えてみましょう。

たとえば、カップルが「私たちの関係はとてもオープンです。誰にも秘密にしていません！」と自信を持って最初から周囲に公言しているとしたら、どうでしょう。それが周囲にとって完全に受け入れられることだとしたら果たして問題になるでしょうか？　もちろん、これは２人の関係性が本当にオープンであるということが大前提です。地球意識では「いくらオープンにしても不倫は不倫でしょう？」と見なされてしまうかもしれませんが、宇宙意識は大抵の場合、道徳や常識で縛られた地球人のモラルを軽々と超えていきます。もしも、**２人とも本当にそれを尊重することができたら、そして周囲の皆がそれを受け入れてくれているなら誰も傷つきません。**この場合、２人の間でアグリーメント（合意）ができているということになるのです。

中途半端な関係の継続は全員のカルマになる

宗教によっては一夫多妻制もありますし、国や地域によっては多夫一妻制の風習が残っている場所もあります。そういう地域では、不倫という概念が異なるかもしれませんが、一夫一妻制という制度のもとでは、さまざまな問題が生じてしまいます。

大きな問題のひとつは、出会った男性には妻がいる、あるいは相手の女性には夫がいるということです。夫や妻からすれば、「自分はどうすればいいのか？」と感情が大きく乱れ、幸せの土台が一気に崩れ、嫉妬、不安、怒り、哀しみ、焦り、動揺など不必要な感情の波が起こってしまいます。その相手の出現によって、その結婚はダメになってしまう可能性があるということです。いずれにせよ、新しい異性の出現によって、夫と妻の婚姻関係のエネルギーは完全に破壊されてしまいます。

多くの場合、不倫が始まるときというのはオープンな関係でなく、閉じられた関係から始まります。また、ほんのささいな日常生活の不満から、ほかの世界に目が向いて不倫がスタートします。

たとえば、夫は仕事で朝から夜まで家にはいない、そして、仕事の仲間と毎晩遅くまで飲んで帰ってくるとします。妻は一日中家にいて、パートナーがいなくて心が寂しく感じ、夜、夫が疲れ果てて、むっとした状態で帰宅する。妻としては、心をシェアできる新しい友人や話し相手を求めて外に目が向いてきます。それと並行して、男性のほうも外の世界で新しい異性と出会ってしまったりします。これらはすべてカルマ、カルマ、カルマの連鎖になっていきます。カルマがカルマを生みつづける負のスパイラルになってしまいます。

外側からロマンスを持ちこむ代償は大きい

不倫というのは、結婚相手を悲しませるという部分ではカルマになります。しかし、11次元的にみてみますと、第三者である不倫相手が2人の間に入ってくる状況は愛や幸せもある意味もたらしているのです。ここだけ読むと語弊があると思いますので説明します。

ロマンスの初期においては、新しい異性（同性の場合もありますが）と出会うことによって自分自身がよい気分、よい感情になります。いつもよりもニコニコと微笑んでいられるし、ハッピーになるし、自分自身がどういうふうにみえるかをもっと意識するようになります。そして、周囲にも家族にも愛を表現する人になりますよね。ここの部分に関してだけはOKなのです。本人がハッピーですので、おのずと周囲にも優しくなれるし、幸せなオーラを振りまいているからです。その人の妻や夫も「あの人はなんだかニコニコしていて楽しそうだ」と感じるでしょう。すべての事象に善悪というジャッジを一切しないのであれば、不倫の是非も一旦脇に置いておきますが、不倫相手の登場で妻や夫が優しくなったのですから、不倫相手はある意味、家庭に愛と幸せを吹き込んだのです。それが一時期だったとしてもです。

しかし、不倫が発覚して、配偶者の信頼を壊してしまう、誓いを壊してしまうという部分は大きなカルマとなってしまいます。不倫相手のカルマにもなるし、結婚しながら不倫していた本人のカルマにもなるし、哀しみと怒りの感情を抱く妻や夫のカルマにもなってしまいます。関係者がみんななにかしらのカルマをつくってしまうのです。

ですから、もしも自分のパートナーとハッピーでないのなら、第三者がいようがいまいが、離婚して別々の道を進む選択肢もあります。まずは離れて、別々の場所に住んでくださいとお伝えしています。もし、そういう状況でも定期的に家に戻るのなら、まだパートナーに愛の気持ちがあるということです。

逆に、自分は完全に自由になりたいというのなら、きれいに離婚されることも選択です。自分が結婚している状況のなかで、第三者を中に持ってくるということは、なにかが欠けている、欠乏しているというサインのひとつなのです。たとえば、自分自身に価値がないと感じていたり、退屈していたり、希望がないような状況に陥っているときに、そういう相手が現れることが多いです。

夫婦になるというのは家族ができるということです。愛し合い、ケンカをしたり、仲直りしたりする、親密な兄弟や姉妹のような関係になっていきます。でも、この中でなにが欠けているかというとロマンスです。

しかし、外側からロマンスを持ちこむと、パートナーを破壊したり、自分の精神状態を破壊したり、誰かが、もしくは、全員がとても傷ついてしまう結果になります。お互いに刀をもって、ハートを傷つけあってしまい、見えない血が流れてしまうような状況になってしまいます。

ですから、もしも不倫で苦しんでいる人がいたら、一日も早い決断をしてください。選択肢はたくさんあります。それを選ぶのはあなたです。全員が幸せになれる形が最善ですが、それが難しければ、なにが今の状況でベストなのかを考えてから行動してください。

Q. 不倫や三角関係を繰り返す人は、なにかを取り返そうとするカルマを負っているのでしょうか？

そういう場合もあります。通常、それにかかわっているのは同じ3人です。あとで、なぜだろうと調べてみると、同じ3人が登場して、グルグルまわっている状況です。同じ男性、同じ女性、そして、同じ第3番目の女性や男性が登場します。同じ役割の場合もありますが、違う場合も多いです。

たとえば、過去世では妻だった女性が今世では略奪をする側の第3の女性だったり、不倫相手が今世では妻の座にいたり、もしくは夫と妻が入れ替わっていたりと、クルクルと役割が変わるケースもあります。

しかし、彼らが抱えている**共通の愛の課題やカルマを解消しない限り、同じ登場人物がグルグルとループしながら同じような愛憎劇を繰り返してしまう**ことになります。

ですから、自分自身の価値観を変えて、人生をやり直すことで、ゲームをリセットしないといけません。人はいつでも新しい自分になれます。カルマを解消し、もっと笑顔で生きられるようにするのも自分自身の意志次第です。

課題を終わらせないと、来世でもまた同じような経験をしてしまう可能性があります。

Q. 過去の大きな失恋や離婚がトラウマになって次に進めないのですが。

自分自身を愛してください。人というのはついつい誰かのせいにしてしまうことがあります。それは自分自身の内面を見るよりも、他人のせいにしてしまうのが一番楽な生き方だからです。

「あの人が私を破壊してしまった」とか、「あの人がこういうことをして傷つけた」とか、「あの人が私を騙した」というふうに、人はよくすべてを相手のせいにして、相手を責めてしまいます。

本当に自分を癒やしたいと思ったら、**その体験を自分の糧として強くなる**必要があります。しかし、愛が終わり別離を迎えた人や、パートナーと死別してしまった人、なにかの事情で生き別れになってしまった人などは簡単に心を切り替えられません。

最終的に、自分自身に癒やしを与えられる状態になるまでに人は5つの感情のステップを越えなければいけません。

私はこれに「喪失と哀しみを乗り越えるまでの5段階」と名づけていますので、お話ししておきます。

【喪失と哀しみを乗り越えるまでの5段階】

①別　離

パートナーと関係が終わり、精神的ショック状態が起こります。ロマンスの状態でいるとき、2人はお互いのチャクラが絡みあい、ひとつになっていきます。しかし、2人の関係が終わって別れると、つながっていたチャクラは引き離されてしまいますので、傷が開いている状態でエネルギーが流れ出してしまいます。最初のステージは完全なるショック状態です。

②喪失感の認識

これが本当に起こったことだと認識し、チャクラから血が出るようなつらさを味わいます。最初は本人にもなにが起こったかわかりません。「一体なにがあったの？　信じられない！」という気持ちでいっぱいで、チャクラからの出血が止まらないような状態です。自分の身体や心の動きが停まってしまったような感覚におちいるかもしれません。特にハートと太陽神経叢《そう》の部分は、ズタズタに引き裂かれてしまっていて出血しています。その結果、うつ状態になってしまうこともあります。逆にいうと、うつであるということは、チャクラからまだ出血しているという証拠です。チャクラを元どおりにするには自分自身を愛さないといけません。しかし、この第2段階ではそこにまだまだ到達できません。

③谷底にいる感覚と犠牲者意識

まだチャクラから出血していて、真っ暗な穴の中にいて、気持ちが塞ぎこみ、うつ状態にいます。そして、自分がすっかり犠牲者のような気分におちいっています。「どうして私が……」と世界から見放されたような暗い気持ちから抜け出せない状態です。

④怒　り

誰かれ構わずに怒りが湧き出てくる状態。たとえば、自分の親友に恋人ができたとしても、喜びより怒りや嫉妬のほうが強く現れるので、親友を責めたりしてしまいます。

⑤癒やしのとき

ヨガや瞑想《めいそう》を始めたり、新しい趣味を見つけたり、森の中で呼吸法を試したり、自分の情熱を歩み始めます。そして、「自分が誰か?」という自己認識を得てくるようになり、自分自身ときちんと向き合う気持ちになってきます。

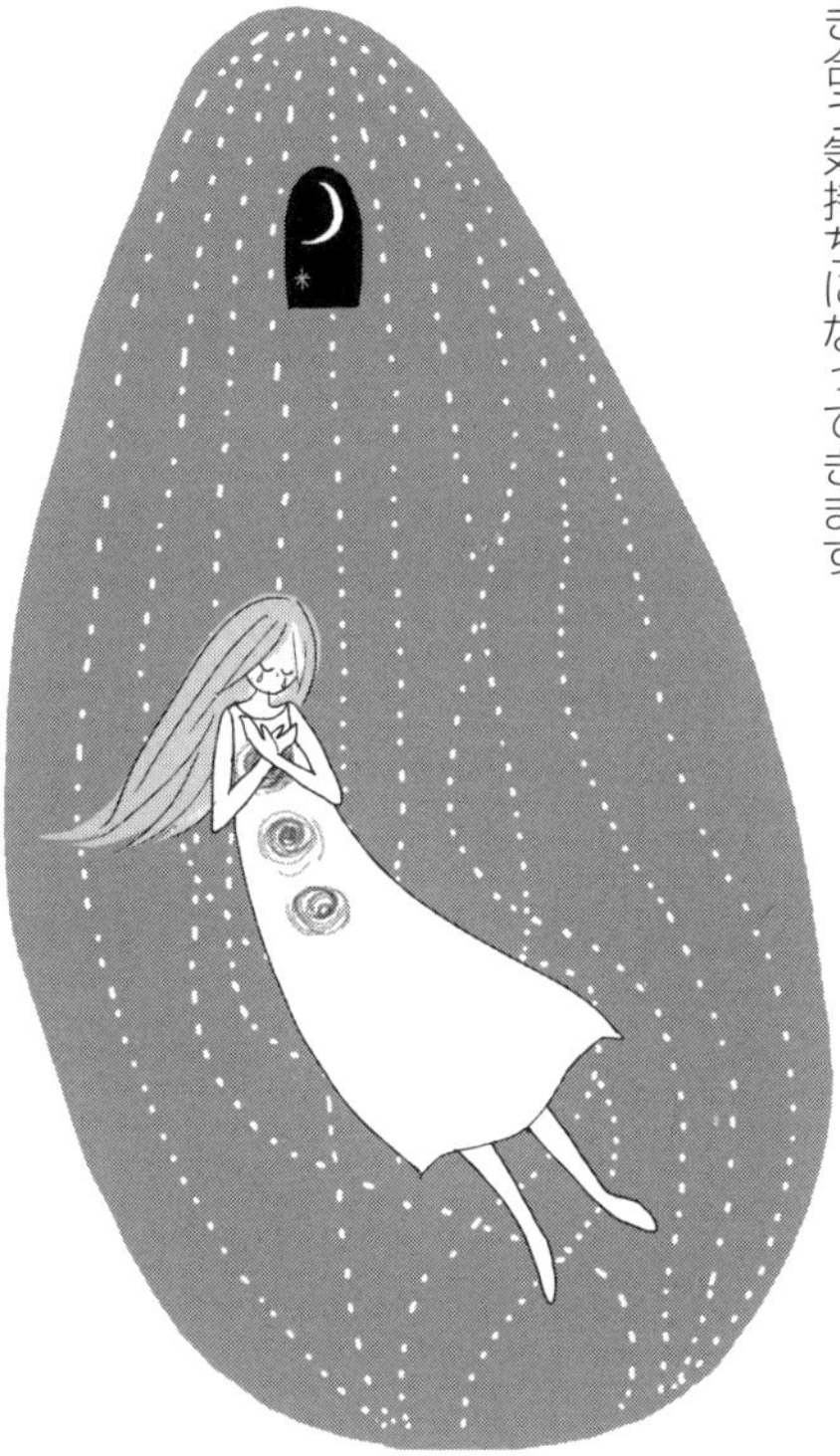

これが5段階となります。

このステップを終了するまで、あなたは次の関係性を持つ準備が整っていないということです。不十分な準備のままに新しいお付き合いを始めても、自分自身の古いストーリーをまた次の人に当てはめようとして同じ道をたどってしまいがちです。

ですから、この5段階をきちんと体験し終えて、自分自身を愛することを学んでください。もしも、この5段階を回避したり、先延ばしにしていたら、その先も魂の成長や愛の学びがありませんので、ロマンスと別離や離婚をループのように繰り返すドラマにはまり込んでしまいます。

この5段階を体験することとは、あなたの魂の成長や愛の学びを獲得するための貴重なレッスンとなるのです。それをあなたの魂は望んでいるのですから、まっすぐに一歩一歩段階をクリアーしていってほしいと思います。

ステップの途中では、自分を犠牲者だと感じたり、無性に怒りがあふれてきたりしますが、すべてを体験してください。

「なぜ私がこんなつらい思いをしないといけないの？」と嘆き、誰かのせいにしたくなりますが、最終的には自分で自身の面倒をみて、自分で責任をとらなければいけません。そして、確固たる自分自身をつくっていくのです。

誰かが心に傷テープを貼ってくれるのを期待しない

自分を治すのも癒やすのも自分自身です。あなたがあなたにとっての最高のヒーラーであり、主治医となります。**誰かがあなたの心に傷テープを貼ってくれないかと期待しないこと**です。むしろ傷テープを心に貼ってしまったら、ハートに炎症が起こり、治りが遅くなってしまいます。

英語で失恋を「ＨＥＡＲＴＢＲＥＡＫ」と言いますが、本当に文字どおり心が壊れてしまうのです。人によっては本当に死んでしまうこともあるのです。40年、50年もの長い期間を一緒にすごした夫婦やカップルは片方が亡くなってしまったり、別離した場合、もう一方は不眠になったり、食事もとれなくなったり、激しい喪失感に苛《さいな》まれ、追いかけるように亡くなってしまうこともあります。

たとえば、私のチャネルをしてくれているテリーも過去に地球の男性と3回結婚していますが、一番最初の若い頃の結婚は離婚に終わり、その後の2人は病気になり死別しています。

3番目の夫が急死してしまった後、彼女は激しいショックから、のどのチャクラが閉まってしまって、食事をまったく摂れなくなってしまったのです。流動食のようなものを少しだけ食べながら、なんとか生きながらえていた状態です。

いつもは聡明な彼女が車を運転していて道がわからなくなったり、自分の家の電話番号が思い出せなかったり、愛する人の喪失が引き金となり、本当にそういうことが起こるのです。

でも、彼女も喪失と哀しみの5段階を乗り越えました。第4段階の怒りのとき、普段ならそんなことで腹を立てる必要がないのに、銀行の窓口で担当者を怒鳴ってしまいました。もちろん後日チョコレートと花を持って謝りに行きましたが、怒りのプロセスにいるときには、感情のコントロール、特に怒りの制御ができなくなってしまうのです。

今現在、テリーは素敵なパートナーと出会い、幸せな結婚生活を送っていますが、それも、過去の哀しみを乗り越えたからこそです。これは神からのギフトです。真正面から喪失を味わい、さまざまな段階を体験して、自分自身を見つめる最終段階にたどり着いたからこそ、次のロマンスが待っているのです。そして、同じループに入り込まないようしっかりと学びを終えているから、新しいパートナーとの関係性をよりよいものにできるのです。

ですから、もしも今まさに失恋や離婚を体験している人たちは、しっかり喪失と哀しみを乗り越えるまでの5段階を進んでいって、ハートを癒やし、再起動させてあげましょう。

この5段階を乗り越えたら、新しい恋愛を始める準備はできています。それも完全にあなたは再生して新しいあなたになっていますので、同じドラマを繰り返すことはありません。新しい人との新しいロマンスをハートから味わって楽しみ、育んでほしいと思います。

喪失感から立ち直る期間は平均2年半〜5年間

この喪失と哀しみの5段階を乗り越えるにはどれくらいの時間が必要なのか、と尋ねられることがあります。もちろん人によりさまざまですが、平均2年半〜5年かかります。テリーの場合ですが、2番目の夫はガンで闘病していたため、その間、夫婦はいろいろと心の準備をすることができました。覚悟をしていたにもかかわらず、夫の死後、彼女の心が復活するまでに2年半かかりました。

こういったガンなどの長くかかる病気は、その間に夫婦や家族で準備ができるので、神からのギフトだとよくクライアントさんにもお伝えしています。

また、3番目の夫は突然死してしまったので、彼女のショックも大きく、喪失と哀しみを乗り越えるための5段階を終えるまでに5年くらいかかりました。

このように、別離により相手が去っていってしまった場合や、病気のため相手が亡くなってしまった場合など、別れの状況にもよりますし、本人のショックの度数にもよりますが、ひとつ言えるのは、**どんな状態で相手を喪失した人でも、必ず立ち直れる**ということです。それによってあなたの人生が幕を降ろすわけではないのです。あなたの人生はそれからもつづいていきます。

大きな目的があって、あなたはこの地球に降り立ったのですから、起こる体験すべてが愛のレッスンになります。その先の人生の扉を開いていくのもあなたなのですから、一歩一歩ステップを乗り越えていってください。あなたはあなた自身の面倒をきちんとみて、生かす責任があるのです。

「喪失と哀しみを乗り越えるまでの5段階」の期間中に大きな決断はしない

自分の結婚がダメになるとわかっていたなら、それは神からのギフトです。あらかじめそういうことになりそうな予感があれば、それがもうわかっているのですから、準備ができるということです。なにかが起こっても、立ち上がり、前に進んでいきなさい。

それと、その後、6～12カ月くらいは人生に関わる大きな決断はしないようにお伝えしています。それはちゃんと脳が働いていないからです。これはとても人生において重要な側面です。

また、この5段階は、男女の別離だけでなく、自分の肉親やお子さんを亡くしてしまった人たちにも同じように起こります。たとえば、幼い子どもを亡くした母親の哀しみもとても深いものです。10カ月もお腹の中でずっと一緒にいて、血や肉を分け与えた自分の愛の分身だからです。

しかし、運命はときに最愛の娘や息子を天に連れ還ってしまいます。悲しみがいかに深くても、心が死にそうにつらくても、残った家族のために母親は生きていかないといけません。そういう方は、この5段階を歩んでいき、自分自身を癒やし、抱きしめてあげてください。

そして、あなた自身も、もしもひとりで抱えきれない感情につぶされそうなときには、セラピストに会いにいくなど、誰かに助けを求めましょう。

外に出て、太陽の光を浴びて散歩したり、自分が情熱を抱けるようなことを見つけたり、また信頼できる友人と一緒にいると、ひとりで家に籠もっているより、回復は早くなります。

あなたを待っている人がまだまだこの世界にいるということを忘れないでください。

Q. 結婚という形を選ぶ必要はあるのでしょうか？

結婚の制度を使わなくても、一緒に暮らしている2人は、結婚と同じように神への誓いは立てています。

ですから、お互いがお互いに誓いを立てるのです。一緒にサポートし合い、お互いに成長し合うということは誓いです。

そして、どちらか一方が離れたいと感じたら、お互いの信頼関係がゆらぎ、最終的に壊されます。その後、修復ができれば再び関係性はつづきますが、もし無理ならば2人の関係は終わりになります。これも結婚と同じです。

唯一の違いは、結婚は神を前にした誓いだということと、法律的なことだけです。結婚は法的に守られていますが、同居婚、事実婚ですと法的には不安定です。しかし、それはあくまでも制度の上の話であって、パートナーとして暮らす2人はあえてその形を選んでいるので、法的な問題はさほど気にならない人たちもいます。お互いの合意の上で成り立っていますので、それはそれでよいのです。

同棲や事実婚は逆に結婚の制度に縛られず、2人の純粋な愛をすべての基盤にして生活をともにしていますので、お互いにさまざまな喜びや苦労を分かち合いながら、いろいろな感情も共有し合い、成長し合うことができます。

Q. 好きになる人が、いつもダメな男性、もしくは女性なのは、どうしてでしょうか？

それはあなたがレスキューする役目を担いたいからです。もしも私が、彼女や彼を救うことができれば、彼・彼女はもっともっとよくなると思っているのです。「私は相手の力になることができる！」という信念があるのです。意図的でなかったとしても、そういう気持ちを持っています。

たとえば、それが女性だった場合、幼少のころ、自分の弟や妹にとても手間がかかり、母親は自分のことはほったらかしで兄弟の面倒ばかりみていたとか、父親の面倒ばかりみて、自分たちのことをあまり構ってくれなかったとか。そうすると、大人になってから、無意識に自分が母親のような行動をとる場合があります。

逆に男性だったら、そういう母親のような面倒をみてくれる相手を選びます。誰かをレスキューしたいという女性と、面倒をみてほしいという男性はニーズが合致していますから、どうしても、ダメ男を選んでしまうということになります。それが彼らが知っている唯一の関係性だからです。

その人を救うことができるということで自分自身の価値を見出しているのです。それがその人のアイデンティティなのです。「彼（彼女）のよいところは私が知っている。私がいないとダメなのだ」といいながら動いてあげることに喜びを感じているのです。レスキュー隊が求めているような反応を相手がしないと、不平不満は出ますが、内心は満足しています。

そして、２人の関係性に終止符が打たれた後、今度はレスキューされていたほうがレスキュー隊よりもパワーを得るのです。レスキューされていた人はなにもしていないのに、世話を焼いてくれていた人のエネルギーを得ているのです。当然、面倒を見ていたレスキュー隊のほうは逆に自分のパワーを失っていきます。結果的に、今度はレスキュー隊のエネルギーが枯渇して、自分から逃げ出してしまうのです。これはまったく健全な関係ではありません。しかし、実際、世界中でこういう構図は減りません。

レスキュー隊は、単に自分がそういうことをしたいから、いろいろと世話を焼いてしまうのですが、レスキューされる人はそんなことを本当は望んでいませんし、どちらでもよいのです。さらに相手からエネルギーを奪ってしまうのです。

もしも、あなたが誰かを好きになり、相手があなたに過剰に依存したり、毎度毎度世話をかけるような人だったとして、あなたがそれでも相手をレスキューしたいと思うのなら、すればよいと思います。**人間は体験で学ぶ生き物**です。というより、**自分自身の意志で選択したい生き物**なのです。ですから、「これは○○だから、あなたのためにならない」とか、「この人はあなたの成長の妨げになる」などということは私は一切申しません。人は誰もが、**自分自身で体験し、自分自身で学び、自分自身で成長**していくものだからです。

そして、ダメ男、ダメ女という概念も、人のとらえ方によって違います。ダメ人間という烙印《らくいん》がその人の額にでも押してあればすぐにわかりますが、そうではありませんよね？

そして、ダメ人間でも、長所だってもちろんたくさんあるでしょう。ですから、相手と一緒にいるかどうか、その人をレスキューしたいのかどうかは、すべてその人に委ねられています。ただし、「自分がこれだけ尽くしているのだから、助けてあげているのだから、あなたも変わってよ！」とか「あなたも私になにかを返す必要がある」という考え方を持っているのならば、それは本当の愛ではありません。なにも見返りを求めずに自分が心の喜びからする行いならば、そのまま進めばよいと思います。いつも**「良い・悪い」「正しい・間違っている」というふうに、なんでも頭で合理的に判断するのは人間だけ**だということです。

助けたホームレスが再びホームレスに戻る理由

たとえば、ホームレスの人を助けたいと思う人がよくいらっしゃいます。優しさにあふれた素晴らしい人たちです。仕事をあげたり、お金をあげたり、食事やベッドを提供します。ホームレスの人も最初は感謝して、仕事場に行くのですが、2〜3日でやめて結局ホームレスに戻ってしまう話はよく聞きます。

これは、ホームレスの人が自分の信念によって、ホームレスを選んでいるからです。自由きままに誰にも縛られず生きていて、今の段ボール箱の暮らしを気に入っているとしたら、それをやめさせるのは援助者のエゴになってしまいます。

そして、その後に不思議なことが起こります。さきほどのダメ男の世話を焼いていた女性の話と同様に、ホームレスにお金や物資を毎回提供している援助者の資金のほうが底をつき、破産してしまったり、自分の生活が前より悪くなってしまうこともあります。

これもさきほどの話と同じで、弱者のほうが強者からパワーを得てしまい、援助していた人はパワーを奪われてしまうので、エネルギーがなくなり疲れて去っていくのです。

　変わりたくない人たちを変えようとすると、変えようとする人が消耗し、エネルギーを奪われてしまいます。そこにエネルギーを注いでも相手のエネルギーが増幅していくだけで、自分はどんどん消耗していきます。すべてがそうだとは言えませんが、多くはこのエネルギーバランスになります。

　これはレスキューされる側やホームレスのほうに問題があるのではなく、レスキューしたいと思う人たちのほうの問題です。

　誰かのためでなく、まずは自分自身と向き合い、自分自身を癒やし、自分自身を愛する。これは地球上における基本ルールです。自分自身のケアができていないのに、他人のケアはできません。自分自身が幸せでないのに、他人を幸せにすることはできません。自分が満たされて、自分自身を生きていれば、相手を愛することができるし、相手を変えることもできるかもしれない（相手が希望すればです）。でも、まずは自分自身と向き合い、自分を愛することです。

　もちろん、なにもするなといっているのではなく、彼らが救いを求めていて、その変化を起こすための基盤をつくってあげることは尊いことです。でも、もし今の状況から出たくないと思っている人たちを穴から引っ張り出しても、結局は同じ穴に戻ってしまいます。

Q 恋愛依存症やセックス依存症の人たち、いわばロマンスハンターのレッスンとは？

すぐに恋に落ちてしまうけれども、飽き性でいつも長つづきしなかったり、結婚してもすぐに別れてしまうタイプの人たちがいます。彼らのことを、ここではロマンスハンターと呼びましょう。恋に恋している存在です。

人に愛されている、誰かにとって自分がスペシャルな存在であるというロマンスの状態はとても気持ちのよいものですよね。最初に出会ったときのスリルはたまらないものです。目を星のようにキラキラと輝かせて、ワクワクしているあの感覚がみんな大好きなのです。出会った当初は相手もよい服装をして、とても誠実で優しいですし、自分をよく見せる努力をいつもしてきます。誰かが自分のことを愛してくれているということはとても気分がよいですし、特別扱いをしてくれることにも喜びを感じられます。退屈で変化のない毎日に鮮やかな色がついて非日常の世界に入り込んだ気持ちになります。それは日常生活とは違う体験をしているからです。

しかし、それがだんだん日常になってくると、相手もその人のために特別なことをしなくなります。おしゃれなレストランがチェーン店のコーヒーショップになり、その次にファストフードになってきて、最初のときめきやワクワク感もマンネリに変わっていきます。魔法が解けて現実的になってくると不平不満も発生してきます。自分がナンバーワンの存在でないと感じるようになり、すっかりいや気がさして、また新しい人と性的関係をともなうロマンスに入っていくのです。

そして、「今度の彼氏は本気で私のことを好きみたい」とか、「今度の彼女は手づくり弁当をつくってくれるし、本当に素晴らしい人だ。この人こそ理想の人だ」といいながら、またロマンスを愉しみます。それがまただんだんと色あせてきて、徐々に新鮮さや甘さを失い、「次の人」を求めてしまう。いわゆるロマンスハンター、つまり依存症の人たちはこれを繰り返します。

ワクワクのジェットコースター時期から落ち着いた関係に変化することは自然な流れですし、2人の関係性が次のステップに進んだのだと認識してもよいのですが、ほかの人と同じように扱われるのはいや、無視されるのはいや、家でただ相手からの電話を待っているのはいや、と彼らは思っているので、そうした状態は耐え難いものなのです。ロマンスのスタートが誰でもそうであるように、最初の甘く楽しい時間だけを楽しみたいから、安定してしまうと相手を丸ごと変えてしまう。

ロマンスハンターたちがこんなふうに恋愛やセックスなどに依存してしまうのは、カルマが影響している場合もあるのですが、そうすることで肉体がどのように反応するかということとも深く関係しています。脳の快楽ホルモン、幸せホルモン、愛情ホルモンといわれる、アドレナリン、セラトニン、オキシトソン（恋愛が始まると発生するとされる）、また、マラソン、サッカー、野球、アイスホッケーといったスポーツ選手などがプレイに集中しているときに分泌するといわれるエンドルフィンなどホルモンの名前は、みなさんも聞いたことがあるでしょう？　それらから得られる満足感を恋愛やセックスなどに求めてしまうのです。彼らにとって、一番優先することは快楽物質を得ること。恋愛やセックスによって得られた高揚感が忘れられず、普通の生活では物足りなくなってきます。ですから、最初の甘い部分だけをかじって、次々とターゲットを変えていくのです。

これは脳が引き起こすある種の中毒であり、真実の愛ではありません。セラピーに行くか、自分自身で改善したい場合は、これまでと異なるタイプの人たち（同性異性問わず）と付き合うとか、**自分自身に自信を持ち、自分の価値を知ることが大事**です。誰かと一緒にいる自分に価値があるのではなく、自分自身に価値があることを知ってください。

お互いが飾らない状態で一緒にいることが本当の愛だとわかるときまで、彼らはおそらく似たような恋愛を繰り返すでしょう。しかし、真実の愛を知るタイミングがきたら、その出会いは自然と起こります。そのときに彼、または彼女のロマンスハンターとしての生活が終わりになるでしょう。誰かを傷つけるということや、二股、三股の関係になっているわけでもなく、三角関係でもめているわけでもありませんので、しかるべきときを待つのがベストでしょう。そして、こういった短い時期のロマンスハンターの人たちもその経験を通して愛を学んでいます。いろいろな小さなカルマを解消するために恋愛を繰り返している場合もあります。数多くの恋愛を経験することによって問題が解決することもあるのです。その学びを終えたときに初めて、本物の愛にたどりつくことができるはずです。

Q. LGBTであることを公言する人が増えてきていますが、なにを象徴しているのですか？

最初のほうでも少し触れましたが、11次元には男女の性別というものはありませんので、LGBT（レズビアン・ゲイ・バイセクシュアル・トランスジェンダー、それぞれの英語の頭文字をとった総称のひとつ）であるとわざわざ言う必要性がありません。つねにこういった人たちは存在していますし、新しいことでもなんでもありません。

ですから、私たちは性別というものを一切みていません。しかし、この地球ではまだ性別が存在していますので、異性を好きになることがノーマルであり、同性愛者やバイセクシャルだというと、「え、そうなの？」と驚いたり、線を引いてしまう人はまだまだ多いのです。当人たちも、「こんなふうにしていてはいけないんだ」と幼いころから親や学校から教えこまれてきたことがとても多いので、罪悪感を抱きながら成長し、大人になるにつれてどんどん苦しくなってくるのです。

彼らには彼らの学びを体験するためにこの地球に生まれてきています。同性愛者というのは、世間的には異性を好きになるように半ば強制されるような状態になっています。でも、本来、彼らは異性に触れるのも苦痛であるのに、平然としているふうにしなければいけないので、内面はとても苦悩に満ちていますし、自らを拷問しているようなつらい状況にいます。ゲイの人たちにとって、女性の豊満なバストがとても醜いものに思えたり、レズビアンの人にとっては男性のペニスがとても苦痛だったりする場合があります。

ですから、自分に嘘をついて異性との接触を持とうとすると、肉体が拒否反応を起こすのです。男女はこうあるべきだという古い考え方や、子どもを持つべきだという価値観は、彼らにとって非常な苦痛だということです。しかし、表面上に現れず、内側で長い間つづいている葛藤なのです

今日、世界中で、彼らの権利が叫ばれていて、昔よりも地球上で認められてきています。そして、同性愛をカミングアウトする人たちは増えてきています。「自分自身は一体誰なのか」「自分は何者なのか」を考え、社会はこうあるべきだということでなく、自分はこうあるべきだということを知っている人たちが増えてきているのです。

世界中で起きているニュースを見ると、同性愛者の結婚が法的に認められてきました。彼らはこの時代を選んで生まれてきて、生きながら、愛について、さまざまなレッスンを学んでいっているのです。

このようなオープンな状態になっている現象の美しい点は、自分の真理のなかを生きているということです。

なぜ彼らがＬＧＢＴになったのかというと、さまざまな原因がありますし、個別に見ていかないと断言できませんが、ひとつの例を挙げましょう。

たとえば、女性が幼いころに父親や男性の身内からひどいレイプや虐待をされたとします。そうすると、同性ならばそんなひどいことはされないだろうと考え、同性である女性に引き寄せられ、同性愛者になる場合もあります。そのほうが安心、安全であると考え、男性にされたような虐待は女性からはされないだろうと思うのです。しかし、その選んだ相手の女性がとっても攻撃的で、支配的で、実際は安全な人ではなく、再びある種の虐待をされてしまうとします。しかし、この体験によって、虐待された女性は自分のパワーを学んでいるのです。

そして、そこに、あるひとりの男性が現れたとします。とても親切で寛大で心の優しい紳士です。相手の女性にコントロールされてカゴに入れられたような状態の女性に、そんな優しい男性が現れたとしたら、女性はどうしたらよいでしょう？　男性も、その女性を愛したいと思っていたとします。まず女性は男性を信頼することを学ばないといけません。男性も、師として、自分を信頼していいんだよということを彼女に教えていかないといけませんし、彼女もそれを受けてだんだんに心をひらき、男性を信頼するための学びを体験していかないといけません。

そして、元々彼女が持っていた女性性が開花していきます。この事例は、父親からの虐待も、抑圧的で支配的な女性の登場も、異性のパートナーと出会って幸せな人生を送るためへのステッピングストーン（布石）だったとみることができます。すべてを経験することで、ハートの穴を埋めていき、自分の力を増大していき、幸せをつかんだケースです。

もちろん幼少時の虐待などは決して許されることではありませんし、子どもの心の傷はなかなか癒えるものではないでしょう。ただ人生を俯瞰して見た場合、自分に降りかかってくるさまざまな経験がすべて一本の糸を織りなすように、次の現象につながっていることがあるとお伝えしたいのです。

男性のケースも同じです。たとえば、幼いころ母親から虐待を受けていた男の子が成長して、女性に嫌悪感があるため同性を求めたとします。その男性も暴力的だったり、支配的だったりして、幸せなパートナーライフが送れなかったとします。その後、慈愛に満ちた優しい女性に出会い、さまざまな学びを経て２人が恋人同士になったり、結婚することもあります。

異性愛者、同性愛者のどちらがいいと言っているわけではなく、過去に起こったことが現在に大きく影響し、ステッピングストーンとなって、今の出来事が起こっている場合も多いということをお伝えしたいのです。異性愛者であっても、同性愛者であっても、お互いがお互いを尊重し、傷つけあうことなく、愛にあふれた時間を過ごせるのならば、それはベストパートナーであり、素晴らしいことだと思います。

Q. 自分が同性愛者やトランスジェンダー（性同一障害）であることを親や友人に隠しつづけているのですが、この生きづらさをどうすればよいですか？

これはとても難しい状況です。彼らは怖れています。自分がカミングアウトすると、家族をがっかりさせてしまうとか、友達がいなくなってしまうとか、なにか大きなものを失うことを想像し、ひとりで苦しんでしまうのです。

そういう人たちにとって、ＬＢコミュニティーの存在は大切です。彼らがこういったコミュニティーに入っていければ理解者が増えますし、自分の選んだ人生を歩んでいくことができます。パートナーも見つかり、新しい家族ができるかもしれません。

そして、心の縛りを外すには教育が大切です。ご家族に理解してもらいたいのは、たとえば同性愛者の場合なら、ゲイの人たちはなにも悪いことはしていないということです。特に遺伝的なことであれば、なおさらです。父親が息子を強く育てていこうと思っていたとして、あるとき、息子が自分のパートナーを紹介するといって男性を連れてきたとしたら、父親はもしかしてとてもショックかもしれません。

「お前なんて俺の息子じゃない！　妻となる女性を連れてこい」と怒鳴るかもしれません。それは、父親がそのようなゲイの関係性をまったくイメージすることができないからです。そして、もしかして自分の育て方が悪かったのかとか、なにかが違っていたのかと自分を責めたり、落ち込むかもしれません。

しかし、遺伝的にこういうことも十分起こり得るということを父親は知らないといけませんし、それをきっかけに学ぶべきです。

遺伝的な理由だけでなく、カルマ的な理由も絡む場合がありますが、それは個人個人で見ていかないといけません。でも、ひとつ言えるのは、彼らはなにもとがめられるような悪いことはしていませんし、自然に好きになった相手が同性だっただけです。

それを受け入れることによって、親と子どもの関係も新しいステップに進んでいきます。

これは子どもの学びであると同時に親の学びにもなるのです。

そして、それは息子だけでなく、親や家族のカルマの解消にもつながっていきますし、彼らのハートの穴を埋める作業にもなるのです。

トランスジェンダーの場合は、過去にさかのぼってみてみても、女性が男性的なエネルギーを発している人はたくさんいましたし、女性的な雰囲気をまとう男性が描かれている文献や資料もたくさんあります。ですから、遥か昔からトランスジェンダーは存在していましたし、新しい現象ではありません。

かつてトランスジェンダーの多くは、演劇やアートの世界で活躍したり、自分を自由に心地よく表現していましたが、時が流れ、その多くは水面下に隠れてしまうようになりました。「女性は女性らしく、男性は男性らしく」という感覚を彼らは持っていませんし、性転換手術に踏み切る人たちもいますが、カミングアウトできずに手術もできずに、自分に嘘をつきながら生きざるを得ない人たちもいます。

たとえば、女性として生まれてきた人が「本当の自分は男性なのだ」と感じている場合、母親の体内にいるときに睾丸《こうがん》などの男性器がきちんと発達しなかったケースがあります。睾丸が発達しないと十分な男性ホルモンが生成されず、男性としての機能はありません。一方、男性の身体を持ちながら「自分は心も身体も本当は女性なのだ」と思っている人は卵巣などの女性器が発達しないとエストロゲンが十分に生成されませんので、女性としての身体がつくられないということになります。

よく小さい男の子で女の子の服を着るのが好きだったり、逆に男の子の服を着ている女の子もいますよね。一時の流行や遊びでなく、なかには遺伝的に最初からトランスジェンダーである子たちもいます。もしも性転換手術をすることで、**自分本来の身体を取り戻し、心の負担もなくなれば安心する**ことができます。そして、**ハートの穴をひとつ埋めることができます。**完璧な本来の自分に一歩近づくことができ、本来の自分を生きることができます。これはまったく自然なことです。一生を心の葛藤を感じながら生きるより、一日も早く本当の自分に還って生きてほしいと思います。そして、トランスジェンダーとして生まれたことにも、長い間の苦しみや葛藤にも、あなたたちの決めてきた愛の課題が含まれていたことを知ってください。

人生で無駄なことは、なにひとつありません。そして、本当のあなた自身に戻ったときからが新しい人生のスタートです。

「愛さない」より「愛する」選択のほうが尊い

ホモセクシャル、レズビアンなどの同性愛者やトランスジェンダーの人の中には、遺伝的に元々そうである人たちも多いです。そのようにしてこの世界に生まれてきたということです。脳の海馬や松果体からある特定の化学物質が生成されないという説もあるそうですが、傾向であってそもそも病気ではありませんので、治療する必要はありません。抑圧する理由がありません。

愛さないという選択より、愛するということのほうがずっと重要ですよね。ただし、適切な理由で愛することは大切です。

同性愛者の場合なら、自分の本当の感情を押し殺して、異性を愛さねばいけないと思う状態こそ不健全ですし、彼らにとって幸せではありません。

ですから、性別や年齢差、そのほかの外的条件で悩んでいる人たちがいたら、愛することが一番尊く美しく、人間にとって大切な感情なのだと知ってほしいと思います。2人が出会って、光がスパークして、2つが完璧なバランスでひとつになるのです。

この現象に、国籍も人種も年齢も性別も一切関係ありません。誰かを愛することは自由な感情です。愛を知ることこそが人間が生きている味わいであり、喜びです。大いに相手を慈しんで愛してください。

2つの性別を持つ両性具有の人たちの学び

この地球上には、睾丸と卵巣の２つの生殖器を持っている両性具有の人たちも少なからず存在します。彼らも人類に教えるために生まれてきています。

彼らは、人々に「自分たちもあなたがたも同じ人間なのだ」ということを教えるために生まれてきています。

彼らは女性であり、男性です。また、女性でもなく、男性でもありません。ペニスもあるのに、胸もふくらんできている。これはカルマであり、レッスンであり、すべてが含まれています。これは自己認識、アイデンティティのレッスンです。

「私は一体誰なのか？」

「何者なのか？」

このレッスンを学ぶには、特別な親が必要となります。こういった子どもを育てるという偉大で難しい仕事をなしうる親が必要になります。

子どもたちはその仕事に適当な親を選び、生まれてきます。そして、その親にとってもこの両性具有の子どもを育てることで、大きな学びを経験するのです。

たとえば、たくさんの孫に囲まれて育てることが夢だった母親としては、自分の子どもをみて、「もう孫は生まれない」と失望し、哀しみに打ちひしがれるかもしれません。しかし、親は我が子から大きな学びを得るのです。すべてに深い意味があります。すべては自分たちが選んできています。

そして、両性具有の人たちもそれぞれがいろいろな愛の形を学んでいきます。

Lesson 3

愛のケーススタディ

歪んだ愛

～ストーカー・虐待・DV～

Q. ストーカーをされる側とする側には、どんな因果関係があるのでしょうか？

ストーカーになる人は、カルマ的な原因があるケース（被害者と加害者は過去世では逆の場合もある）と、精神的な疾患であるケースがあります（両者が複合している場合もあります）。後者の精神的な疾患を持っている人は、今生において、なんらかの被害者になっていたケースが多いです。

ストーカーというのは、パワーレス（無力な）の状態を感じている人に多いのが特徴です。誰かをストークする（忍び寄る、つけまわす）というのは、それによって自分がパワーを得たような気分になります。相手に恐怖心を抱かせることに満足したり、頭脳を使って捕まらないようにしようというスリルやゲームのような感覚を楽しんだり、自己顕示欲や自己承認を欲している人たちです。

ストーカーになる人たちは、不自然なくらいに静かで内気、そして恥ずかしがり屋な性格の人が多いです。また、彼らの中には、幼少のころ誰かから「○○のことは誰にも言ってはいけない」「絶対に内緒」などといわれてきた人たちもいます。なにかを秘密裏にする、内緒で行動する、なにかを隠す、という行為が無意識に刷り込まれているのです。

一方、被害者のほうはストーカー行為に恐怖や不安を覚え、自分のパワーを奪われたような感じになっていきます。いつ現れるか、どこに現れるかわからない相手につねにストレスや恐怖を感じ、どんどんパラノイアのような精神状態になっていきます。とても不自然な感覚、言い換えると、ハイパーセンシティブ（非常に敏感）な感覚になっていきます。

ストーカーは自分のターゲットを見つけて忍び寄っていき、上手にストーカー行為ができるようになると、もっと、もっと、もっとの世界にエスカレートしていきます。怖がって逃げている人を追いつめて支配することを楽しんでいるのですが、ストーカーにとってはこれも愛なのです。「愛しているから」やるのです。「彼女（彼）のことが大好き！」と本当に信じているのです。多くのストーカーは見た目もごくごく普通ですし、最初の気持ちは純粋に相手を好きになるのです。出会い方もいろいろで、いきつけのコーヒーショップで見かけただけの相手かもしれませんし、職場の同僚かもしれません。たとえば、コーヒーショップの店員の女性を好きになったとしたら、「彼女はどこに住んでいるのかな」「彼氏はいるのかな」「何歳だろう」と知りたくなります。

「もしかしたら自分のことは嫌いかもしれないし、こちらから声をかけたら避けられてしまうかも」と考えつつ、一方では、自分と相手がもうすでに恋人として付き合っているという妄想的ファンタジーを描いています。そうして、さらに、どんどん相手につきまとっていくストーキング行為に及んでしまうのです。ストーカーは相手が怖れるほどに脳内でアドレナリンが放出されて、それが快感になっていきます。さらにそういう行為がエスカレートしていくと、相手が好きだから近くからそっと見ていたいというレベルでなく、相手を獲物と見なして追いつめる「狩りの愛」へと変貌していくのです。まさに「愛の変形」です。最初の純粋な愛は完全に姿形を変えてしまったのです。

でも、彼らにとっては、これも愛なのです。これがさらにエスカレートすると、場合によっては、ストーカーが被害者をあやめてしまう悲劇も起こります。「相手をどうしても自分のものにしたい」「手に入れたい」という感情だけが頭の中を支配していますから、その衝動だけで相手を追いつめてしまうのです。もう相手の気持ちもなにも彼らの視界には入っていません。

ストーカーを繰り返すたび自分のハートの穴は大きくなる

さきほど申し上げたように、ストーカーになる原因のひとつは精神的な疾患の可能性もありますが、もうひとつの原因はカルマ的なものです。

カルマ的な側面からみてみると、過去世で彼はいつも彼女を求めていたけれど、彼女は結婚していて一緒になれなかった、または、彼女が彼を強く拒絶していて、選ばなかったということです。要するに、過去の時代では彼のほうが弱いうさぎで、彼女のほうに選択権があって強かったのです。しかし、生まれ変わって今世では逆になり、彼が獲物を追うハンターになり、彼女が弱いうさぎの役になっているのです。

これはお互いのカルマが大きく関連しているのですが、今世を逆の役割として終えたとして、未来世でまた同じことが起こるかというと絶対ではありません。

たとえば、未来世では兄弟や姉妹として生まれてくる可能性もあります。その場合、血のつながった家族としてお互いに機能しないといけませんので、その関係のなかで、お互いを信頼できるかどうかを学び、さらに本当の愛を学んでいきます。

真実の愛は相手に幸せや喜び、安心安全を与えることです。ストーカーを繰り返している限り、真逆の行為をしているわけですよね。「相手を愛しているから」という言い訳をしながら、相手を苦しめているのですから。

ストーキングによって彼らは自己顕示欲を満たし、自己価値を高め（本当は自己価値を貶《おとし》めているのですが本人はそれに気づきません）、自分の力をみせつけたいのです。そして、ストーキングすることで自分のハートの穴を埋めようとしているのですが、そういう行為で埋められる穴はひとつもありません。さらに穴が大きく深くなって、ハートの原型をとどめておけないくらいに心は崩壊に向かっていってしまいます。

ストーカー行為によってストーカーの脳内にはアドレナリンが生成され、自分がどんどん大きくなっているように感じていますし、さらなるアドレナリンを求めて次のアクションを起こすパターンが多いのです。しかし、脳内のアドレナリンが過剰に生成されていくと、副腎が疲弊し、身体にも負担がかかり、精神状態がさらに悪化してくるという、本人にとっても負のスパイラルに陥ってきます。そんな状態になってもより執拗にストーカー行為を繰り返していくという悪循環になってしまうのです。

ストーカー行為の原因はすでにお話ししましたが、過去世でのカルマ的な側面と脳や心の疾患に関わる場合がありますので、ひとくくりにするのは難しいです。また、他人との関係を正しくつくることができないケースもあります。幼少のころの家庭環境や親の教育方法、学校でのいじめなどのトラブルも関わってきますが、他人に対する時間的、空間的な感覚が欠乏しています。

根底にはパワーと信頼が関わってきますが、メンタル的、社会的、感情的な障害を持っている人たちがストーカーになるケースが多いです。ひとつの仕事を長くできないとか、友人をつくることが下手だったり、他人と直接面と向かって話すことが非常に苦手だったり、本当にケースバイケースなので、カルマだけでは片づけられない問題です。

しかし、もしストーカー行為を自分の力でストップできずに悩んでいるとしたら、カウンセラーや医師、セラピストなどの専門家に相談し、治療を受けることを強くおすすめします。もちろん私のところに来ていただいてもいいですが、自分が信頼できる人をまず見つけてください。人間はひとりではどうすることもできない場合がありますので、そういうときは専門家の力を借りるのが一番です。人生はいつからでもやり直せますし、真実の愛に生きる道への方向転換は誰にでもできるはずです。

ストーカーを阻止するにはパワーバランスを逆転させる

ストーカーと被害者はパワーバランスの問題です。ストーカーは相手を追いかけているときには強いエネルギーを感じています。追われている相手のほうが弱いですが、追われている被害者が立ち向かう姿勢を見せると、ストーカーは突然パワーを失います。パワーバランスが逆転するのです。そして、多くの場合、追いかけるのをやめたり、ターゲットを変えたりして、自分の存在価値を高めるようにするのです。もちろんストーカーは相手へ肉体的攻撃をする場合もあり、最悪のシナリオにもなりかねませんので、自分の身を守った上での対峙が必要です。身に危険を感じたなら警察署や専門家へ相談し、プロの意見に従いながら最善の方法で対処してください。まずは自分の安全を守ること。それが第一です。

Q. 虐待される側とする側には、どのような愛のレッスンがあるのですか？

この宇宙は原因と結果でできています。もしも誰かがあなたの人生に現れて、非常に苦しめるようなことをしているとします。

しかし、これはお互いの役割を果たしているともいえます。たとえば、虐待される人と虐待する人がいたとしましょう。普通は、虐待するほうが強くて、虐待されるほうが弱いと思いがちですが、これは逆です。**実は虐待するほうが弱くて、虐待されるほうが強い**のです。

虐待している人のエネルギーを虐待されている人が取り込み、それによって自分のパワーに気づいていきます。そして、そのエネルギーで自分のハートにあった穴を埋めていくのです。

カルマ的にはこの穴は大きなものです。ほかの人のパワーを取り込んで、自分のハートの穴を埋めていき、自分の力を増大させていきます。虐待を受けた人は、自分の自信を取り戻すために、どのような形であれ、そこから逃げ出すわけですが、そのときに、「私は強い！」「もうここから出ていく！」「こんな人生はまっぴら！」という決意をもって、先に進みます。人によっては、それがひどい拷問のようなものであっても、その人は以前よりも強くなっていますし、パワーを得ていますので、その場から出ていくことができます。

自分が解き放たれていかなければいけないのです。自分のアイデンティティをもちつづけ、この虐待という経験から癒やしを体験していきます。

そして、ほかのそういった人たちを癒やす存在となるべく、カウンセラーになったり、政治活動をしていったり、彼らの相談に乗るためのＮＰＯを創設したり、次のステップへ進んでいくケースも多いです。

どんな原因があろうと虐待されたらすぐ逃げること

人によっては、「なんて自分はかわいそうなんだ」「なんて自分の人生は悲しいものなんだ」といいながら、そのドラマを自分が気に入っている場合もあるのです。そして、周囲の人たちの注意を引きたいと思っている人もいます。自己憐憫《れんびん》や周囲の注目を浴びたいと思って虐待を受ける人（実際は叱責の意味で軽く叩かれたくらいの体験を、周囲に何倍も大きく言う人もいます）はごく少数ですし、時期がくれば、そういう人たちはそのドラマに飽きて自分から幕を引くことができます。

問題はそれ以外のケースです。実際に家族やパートナーからひどい虐待を受けている人たちは深刻です。

これも過去世のカルマが関係している場合があります。過去世では虐待する側とされる側が逆だった場合もあるにはありますが、それは個別に見ないとわかりませんし、ケースバイケースです。実際に虐待されているときに（または幼少時にされていた）、自分自身に原因があると責める人がいます。その人たちに強くお伝えしますが、過去にその人にひどいことをしたから、現世で苦しめられているという因果があったというわけではありません。そういうケースもあるにはあるけれど、絶対にすべてがそうだと思わないでください。「私は過去世でその人にひどいことをしたから、今世で因果が起こっているのだ」と思い込んであきらめている人がいたら、それは違います！

そうでないケースもたくさんありますので、**誰か虐待してくる人がいたら、「私のせいだからこんなことが起こっているのだ」と簡単に思い込まないでください。**

カルマ的にどのように働いているのかは個別にみていかないとわかりませんので、こういう理由でこういう虐待を受けているということは言いたくありません。しかし、どんな原因があったとしても、虐待を受けているなら、その場からすぐさま逃げなさい。この世界で誰ひとりとして虐待を受けるべきではありませんし、虐待をするどんな理由も正当化されるべきではありません。どんな人も虐待される理由なんて絶対にありえません。

とにかくその場から立ち去ってください。今すぐにです！

そして、その体験を手放して、新しい道に進んでいきましょう。

Q. 児童虐待やＤＶなど性的・肉体的暴力のニュースが後を絶ちませんが、これらの原因と対策を教えてください。

幼い子たちへの性的虐待や身体的虐待、家庭内ＤＶ、デートＤＶ（交際している２人の間で起こる暴力）の問題は、世界的に大きく取り上げられています。これらが起こるメカニズムは酷似しています。そういう犯罪で捕まった人たちはセラピーや矯正指導などを受けて世間に戻ってきますが、多くの場合、また同じ犯罪を繰り返してしまいます。そういうことで彼らはパワーを得た気持ちになるのです。カルマ的な原因からそういった性癖を持つ人間もいますが、それ以外に、脳や心の疾患が引き起こす場合、家庭環境、教育の問題、生育環境、親の影響など、さまざまな側面が複雑に絡み合っています。人間は環境の産物です。環境が人間をつくり上げているのです。

幼いころ、本人が暴力を振るわれたり、性的虐待を受けていて、愛を知らない環境で育てば、大人になり、そういった虐待する側の人間になってしまう場合も少なくありません。

「なぜ逃げなかったのだろう」と思う人もいるでしょう。でも、パワーもなく、お金もない子どもたちは、なかなかその場から逃げ出せません。周囲の人にその事実を告白するのも恥ずかしかったり、「これは秘密だ。誰にも言ってはいけない。言うともっとひどいことになるぞ！」と、その犯人から口止めされていたりして、どんどん自分の心の内側に恐怖を封じ込めてしまいます。

そういったつらい環境で育った子が大人になると、つねにパワーレス（無力感）を感じているので、一部は逆側の人間として力を得て（それが偽物のパワーだとしても）、パワーバランスをとろうとするのです。社会や会社でパワーレスを感じるなか、自分が見つけた相手にだけ自分のパワーをみせつけることができるのです。弱者がさらに弱者を狙う負のスパイラルです。この問題の多くは犯罪者の幼少時に家庭内で始まったりしますので、露呈しにくく、周囲にはわかりにくい問題です。

もし、あなたが当事者でなくても、どうか自分の周囲の動きを敏感に気にしてみてください。誰かの発した一言に「うん？」と違和感を感じたら、素どおりせず耳を傾けてみてください。周囲の人々の無関心さもこういう悲劇を増幅させてしまう一因になっています。

愛は本来誰のハートにもあります。しかし、その愛を与えられずに育ってしまった大人たちは自分の中の愛が十分に育たないので、ストーカーになったり、暴力を振るったり、性的虐待をしながら、「これが愛なんだ」と、完全に間違った愛、愛の変形を愛だと信じています。

大事なことなので覚えておいてください。

真実の愛は決して誰も傷つけません。
真実の愛は相手にやすらぎと安心と安全を与えます。
真実の愛は相手に微笑みをもたらします。

そういう簡単なことすらわからない大人が、今の時代、世界中にたくさんいるのです。でも、彼らのハートに愛がないのではなく、愛の表現を知らないのです。愛されることを知らないので愛する方法がわからないのです。

ですから、真実の愛を理解できたとき彼らは変わるはずです。ハートの穴に限界がきたとき、もしくは誰かと出会い、自分の人生が誤りだったと本当に気づいたときに。

Lesson 4

愛のケーススタディ

不可分の愛

〜自己愛・家族愛〜

Q. 他人に興味がなく自分しか愛せない場合は、どんな原因があって、どうしていったらよいのでしょうか？

愛にはさまざまな種類があるとお伝えしましたが、他者への愛以外に、すべての人が持っているのが自己愛です。自分自身を愛することはとても大切なことです。これは、生き残るという本能やエゴが深く関わっていて、ある意味サバイバル的な側面があります。しかし、エゴといっても悪い意味ではなく、自分自身を思いやり、日々、自分自身がベストな状態でいられるように自分を十分にケアしてあげるということです。そして、霊性やエンパワーメントなどを追求し、自分自身をどんどん高めていくということにつながります。これこそが生き残るための自分自身への愛、自己愛なのです。

今の時代、ＳＮＳなどの台頭で、「こんなことができる自分が大好き！」「すごい自分を皆見て！」という人たちが増えているそうですが、これは自己顕示欲や他人承認欲求（他人から自分の存在や価値を認めてほしいという欲求）が強い人たちであって（それによって自分に自信が持てるならば悪いことではありませんが）、私のいう自己愛とは意味合いが異なります。自己愛とはもっと原始的で、本能的で、純粋な感情です。自分をこの世でかけがえのない人間だと認識し、器である肉体を可能な限りメンテナンスし、心の浄化を怠らない人たちのことです。もしも、自分で自分の価値を認め、自分自身をしっかり愛してあげられていれば、他人からの承認は必要がありません。

自分を愛せない人は他人を愛せません。自分を大切にできない人は他人を大切にできません。他人は自分の写し鏡なのですから。

鏡に映った相手を嫌いというのは、自分自身を嫌いだと言っていることです。

ですから、まずは土台となる自分自身をケアして、自分自身を思い切り愛してあげてください。そうすると他人にも優しくなれますし、おしみない愛を周囲へ注ぐことができます。この世界がワンネスだとしたら、**自分を愛し、他人を愛することはまったく同じ**ことだとわかるでしょう。

そして、そういった自己愛の強い人たちの多くには共通した過去世があります。直近の過去世において、プリマドンナのようにステージに上がる輝かしいスターだった人や、高い地位にいる王族関係だった人たちが生まれ変わった場合、自分は選ばれた人間だという記憶を残しています。そういう人たちは強い自負心があったり、選ばれた人間だという感覚があります。

そのような高い地位にいた人たちがまた今生で生まれたときには、強烈な自己愛を持っている場合が多いといえます。たとえば、クレオパトラがまた今生に生まれてきたとしたら、たとえ現在が貧しくて、地位も権力もなにもなかったとしても、やはりクレオパトラのオーラや気質を備えていますし、その気質は捨てられません。

人生で成長していく過程で、若い人たちはエゴ的な部分があります。特に子どもはみんなエゴのかたまりであり、「ご飯が食べたい！」「今は外に出て遊びたい！」などなど、いつも自分のやりたいこと、やりたくないことをはっきり親に要求したりしますよね。親もそれをなるべく叶えてやろうと頑張ったりしますし、なにかすると褒めたり、ほかの子よりも優れていると思ったりします。これは悪いことではないのですが、子どもが成長していくなかで、彼らも「私ってこのクラスで一番の美人だわ。誰にも負けない！」と言って自信に満ちあふれていたり、「俺の力はすごい！　世界征服ができるはずだ」と信じ込んでいたり、自分の価値をとても高く評価していますし、自分で強く信じているので、自然にそういう人のようなふるまいになってきます。周囲もそういうオーラを見て、彼らに一目置いてきます。

こういう場合、自分自身が過剰な自信をもって、自分自身を過剰に愛していても、それで自分の持っている力以上を出すことができるのならば、それでよいのです。自己愛が強すぎると問題である、ということはありません。

むしろ出る杭を打たれないように生きている人たちや自分を過小評価している人たちが多い今の世界では、こういった人たちが人々に「そうか、これでいいんだ！」と励ましや勇気を与えることもあるのです。

ただし、彼らは自己愛とともに、他者への愛を同時に学ばねばなりません。自分が生かされているのは、周囲の人たちのおかげであることに常に感謝し、自分へ注ぐ愛と同じように他人へも愛を注いでいけば、エネルギーが循環していき、そのエネルギーが枯渇することはありません。

自己愛が強い人というのは、外見なり、自分の知性や才能なりに自信がありますし、自分の価値をしっかり持っていて、ほかの人がどう思っていても気にしない人が多いです。

彼らには、「孤独を知る」「強烈にパワフルな存在であることを体験する」といったいろいろな学びがあります。

たとえば、平均的な家庭に生まれても、上流階級の地位まで上り詰めるとか、王族に紹介されるような一角の人物になるとか、どんなことでも達成できるんだということを世界に向けて証明するための見本である場合もあります。両親も自分が選んできていますし、どういうふうに育っていくかも自分で選んでいます。

自己愛に関しては、①カルマ、②ライフレッスン、③育った環境、の3つが大きく関わっています。そして、この3つに関わる課題が彼らのレッスンになります。

Q. 家族で仲が悪いのは、自分でその家族を選んできたがために起こるシナリオなのですか？

その人たちがピースキーパー（平和を守る人たち）の役割として生まれてきた人たちなのです。なにかが起これば警察に「こういうことが家庭で起きている」と伝達する任務があります。

家族の中で殺人者が出たり、成功者が生まれたり、二極化している家族メンバーがいる場合は、慈悲の心を養うというレッスンがあります。そのようなひどいことが起こる家庭で生まれた人は、謙虚さや慈悲を学ぶために生まれてきた可能性があります。

たとえば、兄が弟をあやめたとすると、加害者と被害者が同じ家庭にいるということです。前にお伝えしましたが、このレッスンでは兄に弟が自分の命を捧げたということです。

それは弟をあやめた兄が真実の愛を知るための学びでもあり、殺された弟も真実の愛を知る学びなのです。そして、生まれる前にお互いの合意があったのです。人間に食べられる動物も同じで彼らも命を捧げていますよね。ある2人の人間がいて、共通のレッスンを学ぶために、一方が片方に「私の命を捧げます」という約束をしてきたとして、それが今世で兄弟という形を選んできたとしたら、このような悲劇が起こってしまいます。親にとってはとてもつらい事件になりますが、２人がそれによって共通の学びを得るのです。愛の中でも慈愛を学ぶのかもしれませんし、献身という愛を学ぶのかもしれません。または、愛する者を失う喪失感や後悔から真実の愛を知るのかもしれません。

もちろん家庭内の問題はその家ごとに複雑な事情を抱えていますので、個別に見ていく必要がありますが、理解していただくためのひとつの事例としてお話ししました。

Q. シングルマザー、シングルファーザーの家庭の親子には共通のレッスンがありますか？

まず、過去世と今世で親子が逆転することがあります。また、シングルマザーやシングルファーザーになって子育てすることを自分で生まれる前に選んでくる場合があります。カルマであることもありますし、自分の選択である場合もあります。子どものレッスンである場合もあります。

子どもが片親をサポートすることを選んでいることも多々あります。離婚や死別でなくても、父親が長期間仕事で海外に行っているなどして家にいない家庭もありますが、この場合はもう少し複雑です。母親がひとりで子育てしている状況がとてもたいへんだと子どもは見ていますし、「父親が不在であるからあなたが家族を守ってね」と母から言われて育ってくると、男の子は自分が家長にならねばと頑張ります。年齢は小さくても、母親の期待に応え、兄弟姉妹の面倒もよく見ます。小さいときからそういう立場で家族全員の面倒を見ていくことに喜びを見出し、人の世話をすること、メンバーをひとつにまとめていくことを学んでいきます。それも彼にとっては家族愛を学ぶためのレッスンです。

また、シングルファーザーの家だと、男の子はお父さんの兄弟になると合意して生まれてきています。カルマ的には同じ家族の中で生まれてきて、一緒に同じミッションをクリアーしていくというパターンもあります。両親の接着剤として生まれてきた子でも、両親が離婚してしまうと、その後、子どもには大きなレッスンが待ち受けています。両親の片方がいなくなってしまうことで、子どもは接着剤の役割をなくしてしまって、その後の人生がミッションのスタートになります。そのミッションとは、自分のアイデンティティを見つけて生きていくことです。

前述しましたが、片親の子は親と兄弟姉妹の役割も果たしていき、プロテクターやサポーターとして生きていく人が多いようです。

また、ほかのシナリオとしては、**過去世で現在の親子の関係が逆転していたケース**があります。過去世では母親が子どもで、子どもが母親として生まれていた、といったふうにです。子どもが大人の面倒をみなければならず、母親のほうは子どもがとてもよくケアしてくれたことに感謝して、今度生まれたときには私が子どもとしてあなたの面倒を十分に見ます、と決めてきていることもあります。

母親としてケアされてきた体験が今世では逆に自分が子どもとして親のケアをしているということです。カルマということもありますが、お互いに愛と成長を学んでいるのです。

Q. 親を愛せない人の学びとは？

これには理由がたくさんあります。そして、このこともほかのテーマと同じようにカルマが関係しています。別の見方では、**自立してコントロールとパワーを学ぶため**に、その子どもたちは生まれてきます。

また、シンギュラリティー（単一、ひとりでいること）を学ぶためでもあります。そして、喪失、なにかを失うことも学びます。個性も学びます。ざっと挙げただけでも、親を愛せないという問題は、本当にいろいろなことを学ぶための課題なのです。

子どもが生まれたとして、愛のある家庭をつくっていきます。そこにもうひとりの子どもが生まれます。そして、上の子が無視されはじめたとします。親は長男、長女にいつも怒ったり、小言をいったりして、子どもは心で葛藤が生まれます。親と息子や娘は分離してしまいます。そして、子どもは自分で生き残っていく方法を見つけていきます。その子は自分の可能性のなかで生きていきます。ほかに子どもの自立を促すためのレッスンでもあります。

Q. 子どものいない、または恵まれない夫婦のレッスンとは？

家族のユニットとして、子どもがいない人もたくさんいます。

欲しいと願いながら子どもに恵まれない夫婦もいれば、あえて子どもをつくらない決断をしたカップルもいるでしょう。これだけ世帯があれば事情はそれぞれです。

子どもがいる家族の形は、どうしても子ども中心になりますので、子どもによって夫婦2人の間がさらに強固になり絆が深まる半面、時と場合によっては2人が分離されてしまうこともあります。

一方、子どものいない夫婦やパートナーは、子どもが原因になって分離されることがありませんので、ずっと美しいフレンドシップのような家族でいられます。2人でセットになっていて、お互いがお互いにつねに関わり合っていく傾向があります。

子どもの多い家族だったら養育費がかかりますし、時間もとられます。また、子どもが成長して結婚したら、今度は孫中心の生活になるかもしれません。誰かがつねに間にいますので、夫婦でなにかをしようということも難しくなります。父親が仕事に行き、夜に戻ったら子どもが話しかけてきて、風呂に入り、すぐに眠るということもあるでしょう。元々時間がない生活で、子ども中心ですから、夫と妻の２人だけの時間というものがあまりないのが実情です。

しかし、子どもがいない夫婦は年齢を重ねても２人ですので、お互いをよく見て、２人で会話する時間も多いため、お互いをよく知っています。子どもがいない夫婦の関係性はもろいのではないか、と思う方もいるかもしれませんが、彼らは愛が固い基盤になっているので、多くの場合うまくいっています。また、２人で世界や国内の旅に出たり、世界中でなにかビジネスを自由にやったり、共通の夢を実現しやすい面もあります。

子どもがいてもいなくても、夫婦の形は１００組あれば１００とおり異なります。しかし、どの夫婦もそれぞれの愛のテーマを体験によって学んでいます。それも自分が決めたテーマを実行しているのです。

ですから、**２人共通のテーマ、もしくはお互いのテーマを一緒にクリアーしていくために、いろいろな経験をして乗り越えて**いってください。その先に「あ、このことはそういう意味だったのか！」と理解できる日がきます。そして、いつも一緒にいてくれるパートナーに愛と感謝を忘れないようにしましょう。

Q. セックスレスという現象は人類の進化と関係があるのでしょうか？

さまざまな形のパートナーシップがありますが、子どもがいる家族の場合で説明しましょう。子どもが生まれると、その家族の人生は子どもが中心となります。どんな服を着せるのか、どんな靴を買うか、どんな布団を揃えるか……、会話もすべてが子ども中心です。その中で夫婦は親密さを維持していきます。その絆はセックスを通じて、つながります。お互いに愛し合っていようがいまいが、脳にあるホルモンが接着剤のような役割を果たして、夫婦をつなぎとめています。

セックスレスの関係は、その接着剤が失われている状態です。知性的にお互いがつながっている絆はあるでしょうが、接着剤的要素がないと2人は離れやすくなります。

女性と男性がセックスをすると、男性よりも、女性はその男性に夢中になってしまう傾向があります。その男性がいなければ生きていけないくらいに好きになってしまう女性が多いのは、女性にはそもそも脳に接着剤的なホルモンが出るためです。

なぜそういう仕組みになっているかというと、太古の昔、原始の女性たちは、男性とつながって生きていく必要がありました。そうすることで、安定した生活空間で暮らすことができたのです。

今も変わりませんが、当時の男性の仕事は3つありました。

①提供する
②守る
③生産する

一方、男性が女性と一緒になる理由は、親密さを求めているということです。それによって、男性は自分の鎧《よろい》を外すことができて、自分自身に戻ることができたのです。外では敵から自分の部族を守り、獲物を狩って、ずっと気を張って生きているからです。

男性の脳には、女性の脳が持っている接着剤ホルモンがありません。男性が外に出て行って、いろいろな女性とセックスをできるのはそのためです。

ちょっと脱線しますが、みなさんは、アメリカ先住民族であるインディアンの間で伝承されているココペリを知っていますか？

ココペリはインディアンが崇拝する精霊の一種で、豊作、子宝、幸運をもたらす豊穣の神といわれています。彼は笛を吹きながら部族の村から村へと渡り歩き、いろいろな女性とセックスをして子どもをつくっていきました（注：諸説あり）。

笛の意味は、自分を襲う捕食動物を避ける意味もありますが、自分がやってきたことを笛の音色で女性たちに告知するのです。聖者クリシュナもフルートを吹いていたし、女性が大好きでモテモテでしたから、ココペリに似ています。地球上の男性は多かれ少なかれ、このココペリ的性質を遺伝子的に持っているのでしょう。そうでなければ自分の子孫を広く残せないからです。

女性は脳に接着剤的要素を持っているとお話ししましたが、男性は元々そのようにデザインされていません。セックスに関しては、男女で生理学的にみても明らかに異なる価値観があります。

男性は、さきほど言いましたが、守り、提供し、子どもを生産するという3つの仕事があります。女性のほうは、守ってくれる人、提供してくれる人を探しているわけです。自分自身のバランスを求めてそうしています。すべてを持っている男性と出会ったとしましょう。その男性と出会い、ホルモンが活動しはじめ、身体を重ねます。その後、男女とも心が離れてしまっても、女性のほうは接着剤的要素が発動していますから、別れが難しいこともあるのです。しかし、彼にとってはもう彼女は魅力的な存在ではなく、価値もありません。男性は自分の仕事をするというふうにデザインされていますので、本能で動いている部分がありますが、女性はもっとファンタジーを求めます。２人の関係性が終わるとき、女性のほうがつらくなるのは、この脳の構造によるものです。

話をセックスレスに戻すと、接着剤が発動されない場合、２人の関係性は壊れやすくなります。しかし、セックスがない状態で２人が円満に楽しく暮らしているならば、それで問題ありません。

たとえば、性愛よりも友情に近いつながりで一緒にいるパートナーもいますし、一時期のロマンス的な愛が落ち着き、次のステージに入っていて、２人が今はセックスが必要ないと思っている場合もあります。この場合も２人がその状況に合意しているならばＯＫでしょう。ただし、一方がセックスは必要ないと思っていても、もう一方がセックスを我慢しているとなれば、これはアンバランスなので後に問題が発生するかもしれません。

また、現実的にどちらかの仕事が多忙をきわめていてそういった気力や時間がないとき、なにかに没頭していてそちらに集中したいとき、健康上の問題など、さまざまな事情によって、一時期セックスレスの状態になることもあります。それは心が離れたとか、愛情が冷めたとか、別の相手と愛を重ねているとか、そういった理由ではありませんので、その時期を終えたら、またセックスレスからも脱却できます。

セックスレスの問題は、セックスによる接着剤的ホルモンの分泌がなくなってしまうことで2人の心が離れやすくなるという点ですが、ほかの体験を共有して2人が充実していたり、上記のような理由によって一過性でセックスレスの状態になっているならば、まず心配することはないでしょう。ただしセックスやボディタッチによってお互いのチャクラが活性化しますので、愛を確認する意味でも、心と身体の健康のためにも、セックスのある生活はより美しい関係性を築くことができます。

Q. 11次元では子どもはどう増えていくのですか?

11次元では子どもは生まれません。ただ愛が存在するということです。宇宙(神)を通じて起こることです。

わかりやすくお伝えしたいので命の創生から話しますが、あなたの命がはじまるときには、まずスピリットとして誕生します。

この大いなるソース、源、宇宙は、光の球体のようなものです。そして、「ポン!」とスパーク(爆発)するのです。スパークは光のチャンネルを通じて移動していきます。そして、いろいろな人生の体験をするために、この惑星(地球)にやってきて人間の中に入ったり、シリウスやアルクチュルスなど違う惑星に行ったり、惑星間を移動します。要するに、地球人になったり、別の惑星人になったりしながら、行ったり来たりしているのです。

私たちは神の子どもというのではなくて、神の光であるということができます。源の光のスパークから自らを輝かせています。人間になると肉体の中にその光を取り入れるわけですが、私たちは光のままです。肉体はありません。たとえば、サンキャッチャーが放つキラキラした美しい光をイメージしてみてください。こういう光が集合意識の姿です。

今の地球と11次元の世界では、愛の形がずいぶんと異なることがおわかりいただけたと思います。しかし、みなさんが地球に生まれたのは、自らの意志であり、今世で乗り越えるべき愛の課題を選んで生まれてきています。その課題は人によってさまざまですが、どれも自分が決めてきたものです。ですから乗り越えられるはずなのです。

Lesson 5

愛のケーススタディ

人以外との向き合い方

〜お金・ペット・２次元・環境・地球〜

Q. お金に対して人はどういう関係をつくっていったらよいのでしょう?

これは素晴らしいトピックです。**「お金と愛」を学ぶともっと豊かになることができます。**これまで、たくさんの方々が私の元にきて、いろいろな質問をしますが、その多くは異性とのつながりを希望しています。そして、みなさん必ず、一言つけ加えるのです。痩せている人がいいとか、健康な人がいいとか、存在感の強い人がいいとか、魅力的でないといやとか、外見が素敵な人とか、そして最後に、お金がある人といいます。みなさん、お金を求めているのです。

私にとってとても興味深いのですが、お金というのは物質的なものを創造するためのものです。物質的なものも人生の潤いのためには必要なものでしょう。でも、お金と物質的なものは関わっていますが、あなたのハートは物質的なものと直接関わってはいません。わかりますか? 理想の相手の条件についても同じです。お金が関わっているだけであって、人が関わっていないのです。

たとえば、「この人は私になにを買ってくれるのだろう？」「お金を得るためには私はなにをしたらよいのだろうか？」など、つねにお金のために自分を切り売りしている状態になってきます。

自分がパートナーとして選ぶ人についても、お金が条件や要素になっていると、経済的な安定は得られるかもしれませんが、その人物の持つお金以外の豊かさや美しさに目があまり向かなくなります。愛がだんだんと不在になってきてしまうのです。

お金のある人とない人の関係はパワーバランスの衝突を引き起こす

もしも、元々自分が経済的に恵まれた人間であり、そのバランスをとるために相手に金銭的に豊かな人を選ぶ場合はよいと思います。自分に教育がある人が相手にも教育水準を求めるのはイコールの関係ですので、自然の流れであり問題はありません。

しかし、もしも自分にあまりお金がないのに、相手に経済的面倒をみてもらおうとして、裕福さやお金を求めるのなら、うまくいきません。クラスの違いが大きすぎます。その人を愛しているというより、その人の銀行口座を愛しているということです。

2人の経済状態が大きく違う場合、裕福な人がそうでない相手を好きになってしまっても構いませんが、一般的には、格差がありすぎるカップルはパワー的な葛藤がしばしば起こってきます。

お金がない人でクレジットカードの借金がたくさんあっても、お金のある人から「あなたの借金は返しません。自分で払いなさい」と言われるかもしれないし、お金のない人がなにかを買いたいとしても、お金のある人につねに許可を得なければいけなくなる。それはそれでかなりのストレスですよね。

この地球では、そういったたくさんのトラブルのもとになるのがお金であり、離婚や別離の問題に発展しています。

お金持ちの女性や男性と出会いたい、結婚したいという相談もよく受けますが、そのときに必ず私は「相手のハートを観なさい」とつねづね言っています。

運命の人と出会うと、その瞬間2つの光がぶつかりスパークが起こるとお話しましたが、それがなければならないのです。男性と女性、男性と男性、女性と女性、どんな関係においても個人と個人がつながるためには、まずスパークが起こらないといけません。

誰かを変えることはできません。自分が変わりたいということであれば変われますが。多くの場合、お金がパートナーシップの原動力になっているとき、それがゆらぐと関係性はすぐに壊れてしまいます。

もし、カップルで2人とも経済的に安定していても、お金がもとで酷い状態になってしまう場合があります。たとえば、家や土地という大きな買い物をしたいとします。彼はこういう家が欲しい、でも、彼女はこういう家が欲しいとなって、どちらかが妥協して、欲しくない家を高額なお金を払って買うことになります。お金が工面できたから家を購入することができたのですが、その家がもとで2人の関係性が険悪になってしまったとしたら、持っていたお金がひとつの原因といえるでしょう。ですから、お金によって、どんな関係性も終焉《しゅうえん》を迎えてしまう可能性をもっています。

お金は、家族、友情、恋愛関係、婚姻関係、パートナーシップなど、すべての関係をも壊すことになりうるということです。

「お金＝権力・その人のパワー」という幻想

お金＝権力の象徴だと信じている人たちは今の地球にもたくさんいますが、宗教上のグルの一部もそういう人たちです。彼らはお金に強い執着を持ち、有り余るほどの財力がありながら、さらに富を増やそうと躍起になっています。自家用ジェットやクルーザーに加えて、何軒もの豪邸を持ち、うなるほどたくさんのお金を持っています。

それが自分の権力である、と彼は信じています。とりまきは彼を愛しているのではなく、彼のお金を愛し、お金の奴隷になっています。グルも周囲もお金に強い執着を持っているということです。

彼自身のカリスマ性でなく、持っているお金で、周囲はいうことを聞いているのです。でも、グルはそこに気づきません。

お金＝権力だと盲信してしまっています。もちろん、どのような人間もお金に対して多かれ少なかれ執着を持っています。そして、その人がなにを持っているかがその人のアイデンティティになっています。その人自身ではなく、その人の所有しているものに価値があるというような風潮が世界に蔓延しています。

そして、ある人がお金持ちの人のお金の山の中に入って行き、それらを少しずつ持ち去っていったら、お金持ちも奪われたという感覚を持つでしょうし、お金を持ち去った人にも奪ったという罪悪感は残るでしょう。どちらにとっても幸せな感情ではありませんし、関係性は壊れ、ネガティブな感情におおわれるはずです。

お金と愛の関係性を知るには、自分がなにを求めているのかということに、とてもクリアーでいなければいけないということです。

そして、それをどうやって取り扱っていくかということに関しても、とてもクリアーでなければいけません。

目に見えるお金というものが人生の最優先事項になってしまうと、目に見えないハートの中の愛に鈍感になっていってしまいます。お金が悪いとか愛がない物質ということではありません。しかし、いつ、どんなときも、見えない愛を忘れずに生きていってほしいと思います。お金という物質的な愛はなくなるかもしれません。しかし、目に見えない愛は永久にあなたの中にあるからです。

お金とは粘土のようなもの

もう一度言います。お金は物質的なものを得るためのツールであって、エネルギーです。それはあなたがなにをしたいのか、どういう人間でありたいのか、どういう人生を送りたいのか、それらを実現させるために時には必要なものではありますが、あなたの人生そのものではありません。あなたの人生を美しくいろどるためには、あなたの思考が美しく愛にあふれたものでなければいけません。そして、お金はそれらを実現化するためのひとつのツールでしかないのです。

たとえば、お金は子どもたちが遊ぶ粘土のようなものです。粘土自体は単なるグレーの土です。でも、それを使って自由にいろいろな物をつくることができます。象だったり、ライオンだったり、高級車だったり、飛行機だったり、理想の家だったり。つくり手がどういう想像力を持って、どういうものをつくるのか。それは自分にとって必要なものなのか、周りを幸せにするものなのか。同じ粘土をもらっても人によってつくるものは違います。周りを幸せにするために、なにかをつくってあげようと考える人には、今度はもっとたくさんの粘土が手に入ります。もしかして、誰かから「自分の粘土も君にあげるからもっと大きなものを一緒につくろうよ」と言われるかもしれません。しかし、自分のためだけに粘土遊びをしている人は、新しい粘土を手に入れられなくなるでしょう。

ですので、すべての基盤はお金でなく、あなた自身であるということを知ってください。どんな苦境に立っていても、そこをぶれずに肝に銘じておかないと、お金に振り回され、お金に追い込まれ、お金を追い求める人生になってしまいます。

さきほども言いましたが、お金至上主義になると、目に見えない**真実の愛が離れていきます。真実の愛を見失ったまま生きることは、乾燥した砂漠をひとりで歩いているような味わいのない人生です。**お金は生きるために大切ですし、ダークなエネルギーをもつ物質ではありません。でも、使う人の思考次第ではダークで破壊的なエネルギーを帯びてしまいます。愛をもって、感謝を込めて、喜びの心でお金と正しく付き合い、自分自身のために、そして、他者のために使ってあげましょう。そうするとエネルギーの法則で、お金は必ずまた循環してあなたの元に戻ってきます。

お金は生きるために必要ですが、必要以上に執着してはいけません。お金も愛も循環させていけばいくほど、エネルギーとして大きくなっていきます。

それと、夫婦やパートナー間のお金に関して、ひとつだけアドバイスをします。

それは、それぞれのお金はそれぞれで管理するということです。一緒になったら財布も1つ、2人のお金という感覚の人も大勢いらっしゃいますが、そこからまた災いや問題が起こるケースをとても多くみています。生活のための必要な経費や毎月の家賃などは共通のお金として支払うべきですが、自分の財布と相手の財布を一緒にしないことがパートナーとの愛を存続させる秘訣です。

Q. 趣味にはいくらでも愛情を注げますが、人には注げません。

自分の愛の対象が人間以外のものだったとしても特に問題はありません。その人は自分の情熱にフォーカスしているのです。私はみなさんに「自分の情熱に従ってください」といつもお伝えしています。あなたの情熱は、あなたのハートだからです。

たとえば、アスペルガー症候群や自閉症の方などは、概して人が苦手であまり好きではありません。しかし、それは個性であり、欠陥ではありません。その人の個性が、自分の好きなものにフォーカスされているだけです。彼らが今熱中して、愛を注いでいる対象がITだったり、ペットだったり、美味しいスイーツだったり、アニメだったり、電車だったりするだけです。少し例を挙げて説明しましょう。

〈対象がペットの場合〉

ある女性が私のところに相談しに来たことがあります。猫が35匹いて困っているというのです。もしも愛があれば去勢手術、不妊手術をしてあげることです。それだけの数をひとりで飼っていてはまかないきれませんし、自然の仕組みが壊れます。本当にペットを愛しているなら生涯面倒を見ることができるのか、動物の命に対して自分がすべて本当に責任がとれるのかを考えてほしいです。動物たちの本当の幸せのためにできることをきちんと考えてあげることが、真の愛です。猫が好きだからたくさん飼いたいといって狭いケージの中に猫を押し込めているのは、エゴ以外のなにものでもありません。

同じように、子犬のときには可愛くて大事にしていたけど、だんだんいうことを聞かなくなって、あるとき、噛まれたといってすぐに捨ててしまったとします。そういう人は命の価値を知らない人です。命あるものを飼うのではなく、最初からぬいぐるみを買うべきです。

〈対象がアニメなどのキャラクターの場合〉

最近は、ゲームやアニメなどのキャラクターに本気で恋をしていて、3次元の異性を愛せないという人も多くなってきたようです。これはなかなかタフな問題ですが、基本にかえってみましょう。これはファンタジーであり、幻想の世界に完全に入り込んでしまっています。本人がアニメキャラクターと完全につながってしまっています。どういう状態になっているかというと、この現実世界に生きているのではなくて、ファンタジーの世界、仮想世界の住人になっているのです。彼や彼女にとっては、好きになったキャラクターはリアルなのです。そして、そのキャラクターがまるで実在する人のように彼や彼女に話しはじめるのです。

しかし、そのうち、自分の想像のなかのものとリアルな世界の境界線がなくなり、ごちゃごちゃになってくるとメンタルヘルスの面でグレーゾーンになってきますので、注意が必要です。普通の人がアニメファンであっても、現実社会とバーチャル世界の境界線はしっかりあります。しかし、本気でアニメキャラクターに恋してしまって、すべてがそのキャラクター中心になってきて人間に興味を持たないとか、誰とも付き合わないとなるなど実際の生活に障害が出てきたら、それはセラピストに相談したほうがよいでしょう。

単に、キャラクターと同じ髪型にしたり、コスチュームを着たりする程度ならば心配ないでしょう。

そして、多くの場合、成長や時間とともに熱が冷めて、実際の人間とデートするほうががぜん楽しくなってきます。これは一種の成長のプロセスですので、問題ありません。

また、本人が十分に大人である場合、フィクションとリアルの境界線がわからなくなるほどにアニメキャラクターに没頭し恋している人は、現実世界での愛を拒絶しています。

人によってケースバイケースですが、育っていくなかで家庭での自分の愛を拒絶されている場合があります。過去に家族からネグレクト（無視）、肉体的虐待、性的虐待、言葉による虐待などを受けて深刻な心の傷を持つ人もいらっしゃるでしょう。そうでなくても、家族の中でほかの兄弟姉妹だけが目をかけられ、可愛がられ、自分だけ孤立していると感じていたり、自分だけが出来が悪いと感じていたり、自分だけが美人ではないとか自分だけが背が低いしスポーツが苦手だ、というなんらかのコンプレックスを抱いていたり、その原因は千差万別です。もちろん親は同じように愛情を注ぎ、みんなを平等に愛しているとしても、子どもたちのとらえ方はいろいろですので、本人がそう思い込んでいて愛情不足を感じていたら、心になにかいびつな感情、ネガティブなトラウマが生じてしまう可能性はあります。

そして、彼らは愛に飢えて、寂しさやコンプレックス、不平等感などを抱えて成長し、本当の愛とは苦しみをともなうものだと信じているので、実際の人間を愛したくないという隠された信念があります。そして、バーチャルな異性ならば自分を傷つけないだろう、苦しい恋愛にはならないだろう、いつでも自分の好きなとおりに物事を運べるだろうと想像し、そのキャラクターに恋をしてしまうのです。

しかし、時が流れ、誰かと偶然に出会い、2人の間にスパークが起こったら、その人の「愛は苦しいものだ」という信念が一瞬で変わり、実際の愛を体験していくことになるでしょう。

ここまでは恋愛対象が仮想世界のキャラクターということですが、自分自身がそのキャラクターそのものになりたいと思ってしまう人もこの世界にはいます。

ある人の事例ですが、世界中で人気のあるファッションドールになりたいと真剣に思った女性がいて、その人は整形手術を何十回も繰り返し、ついにファッションドールのような外見になりました。しかし整形手術のやりすぎで、肌に負担がかかり、周囲からは怖がられていました。

また、ほかの事例ですが、猫が大好きな女性がいて、自分自身を猫にしたくなったのです。そして、整形手術を繰り返し、猫に似せていた人もいますが、それは完全に境界線を超えていますので、どこかでストップをかけて現実世界に戻ってこないといけません。

これは架空のキャラクターや猫に対する愛が強すぎて、そのものになりたいと思ってしまった極端すぎる例ですが、同時に自己愛も強い人たちです。

しかし、彼らにも愛の学びがあって、自分はファッションドールそのものにはなれない、どんなに愛しても猫にはなれないという現実を最後に知って、それから次の愛のステージに入っていくのです。

これらは一例にすぎませんが、愛を人に向けられないのには理由があり、過去の対人関係でとてもつらい思いを体験していたり、大きなトラウマを抱えている場合もあり、人と無理して付き合うよりは自分の家の庭に家庭菜園をつくったり、動物と触れ合っていたほうが気持ちが安らぐこともあるのです。

自分の持っている情熱の対象が人間でなくても、なにも悪いことではありません。統合失調症やなにかの精神的疾患で悩んでいるのであれば、専門医に診てもらうことが先決ですが、他者に迷惑をかけていなければ、自分の情熱を追求することは素晴らしいことです。

ほかにも例を挙げるならば、1カ月に本を100冊も読むような本好きな女性がいたとします。朝から晩まで時間が許す限り本を読んでいます。通勤時間だけでなく、仕事での休憩時間、仕事帰りのカフェで、そして、夕食後にも本を読んでいたとします。そのときはとても集中しているので人と関わりを持ちたくないでしょうが、それは人嫌いとはいえません。ただ自分の時間は自分で好きなものに没頭したいというだけですよね。人は多かれ少なかれ自分だけの時間を持ちたいものです。というより、持ったほうがよいのです。他人と関わりながら自分の時間をきちんと楽しむ。これはむしろ健全なことだといえます。ですから、情熱の向け方の問題だと思います。自分の情熱に従って趣味に没頭して、自分の人生を愛することは素晴らしいです。

自分の情熱に従って好きな物事を探究することも愛のひとつ

ただし、誤解されないようにお伝えしておきますが、すべての人が情熱を持たなければいけないということではありません。

そして、すべての人が、人生に他人が関わっていなければいけないということではありません。

でも、人には自分が楽しむためのことがなにかしらあるものです。それが小さなことでも、他人が聞いたら笑われてしまうと思っていることでもよいのです。難しいのは、対象が人の場合はスパークのようなものが地球でも生じることがあるのですが、対象が人でない場合は、いくらその人にとって大切なものでも、それが発生しないところです。

よく個人セッションの中で「私は一体なにをしたらよいのでしょうか？」と聞かれることがあります。

「どんなことをしているときがあなたは幸せですか？」とたずねると、「私は寝ることが好きなんです」と恥ずかしがりながら答えたりします。そんなときは「それなら寝なさい！」というのです（笑）。お気に入りの毛布にくるまって眠ることに安心安全を感じたり、放電しっぱなしだった心の充電をしていたりすることもあるのです。そのうちに眠ることにも飽き飽きして、自分から外に出てアクションを起こしたくなるでしょうし、なにも問題ありません。それを否定するほうが問題になってしまうのです。

自分が好きなことの奥底に実は自分のミッションが隠されていたり、人生でクリアーしなければいけない課題が潜んでいる場合があります。

ですから、情熱に従って生きてください。それがなんであれ。

そして、その情熱は時には変わりますが、変わるがままにしておきなさい。**今のあなたは人間のパートナーよりも別のものに関心があり、愛を感じるのですから、心のままにそちらを探究したらよいのです。**人は必ずパートナーを見つけて一緒に歩いていかねばならないということはないのです。人それぞれの愛の形があり、愛の対象があり、愛の学びがあります。

あなたはあなたの決めた愛のレッスンを今この瞬間も学んでおり、道を進んでいるのです。

もしも、愛の対象が物でなく人になったら、迷わずその人を愛してください。すべてがあなたの人生の壮大なシナリオの一コマになっているはずです。

Q. 今の環境問題に心を傷めているのですが、自分にはなにができますか？

地球を愛するならば**エコシステム**を知ることが一番でしょう。まず、自分自身の生活を振り返り、自らの便利さのために、どのくらいエコシステムを壊していっているのかを知ってください。

地球環境をもとに戻したいと願うなら、普段、自分が無意識に使っている、石油製品のペットボトルがその後どういう道をたどっていくのかを想像してみましょう。

たかだかペットボトル1本を海に流してもたいしたことない、なんて考えていませんか？　あなたの1本、ほかの人の1本、世界中の人たちの1本が海に捨てられたなら、約70億本のペットボトルが不法廃棄されたことになります。それらをすべて無害化させるなんて魔法みたいな浄化作用は海にはありません。

あなたがこれをどうするかということに地球環境が関わってきます。リサイクルにきちんと出すのか。それとも海に捨ててしまうのか。海に捨てたら鳥などの動物が食べて死んでしまうことも深刻な問題になっています。地球がこれを分解するには、とほうもない時間がかかります。

自分が食べているものの容器（発泡スチロールやプラスティック製品など）、買い物での過剰包装、ネット通販でたまった段ボールや梱包の山などを見てみましょう。それらは本当に必要ですか？

乗り物を運転する人ならば、ガソリンの消費がどうなっているのか調べてみてください。環境にとってベストなことはなんなのか、考えてみてください。本当に今車が必要ですか？なにも考えずに車に乗って、ペットボトル製品をどんどん購入し捨てていながら、地球の環境を悲しんでいるのはとても矛盾しています。まずは小さなことから行動していってください。

もしも庭をつくるときには、お互いに働きあう植物を植えてください。なにか植物を植えるときにはマリーゴールドを隣に植えると、虫が寄ってこず化学農薬を使わなくてもよくなります。また、ぶどうを植えるならば、列の最後にバラを植えると、美しいだけでなく、ぶどうを攻撃する虫がバラのほうに来るのです。バラがもっている独自のホルモンによってぶどうの木にバリアーをはってくれます。

また、日本人にとって富士山は特別な山であり、ほとんどの人は心のふるさとのように特別な感情を抱いています。古来から山を征服したいという願望を持って登山を楽しむ人も多いのですが、山の歩道にゴミをポイ捨てしたりする人もいて、悲しいことに人気のある山ほどゴミだらけになっています。

本当に山を尊敬している人たちはゴミ袋を持って登山し、エコシステムを守るよう意識していますが、一方で、ポイ捨てをしながら登山をしてエコシステムを壊し、地球に大きなダメージを与えていることを想像できない人も残念ながらまだたくさんいます。

山にゴミを捨てることで動植物のエコシステムにもダメージを与えますし、生態系が変わってしまいます。

また、動物を愛しているといって、山にいる野生動物たちに食べ物を与えたりする人がいますが、それによって動物たちが太ってしまい健康が害されたりもします。登山客は気まぐれに食べ物を与えていただけですから、あるとき突然食べ物の供給が途絶えたことで、人からのエサに慣れていた動物たちが飢えて死んでしまうことすらあります。それらの行動は本当の愛ではなく、人間のエゴになってしまいます。

ですから、自分の行動が本当に愛に基づいたものなのか、相手にとって本当によいことなのか、自分の行動と理想に矛盾はないか、そういったことを考えてみてください。

本当にこの惑星を愛しているのであれば、自然のエコシステムをきちんと育んでいくということです。そうすれば素晴らしい地球をまだ取り戻せます。これから全員が意識して地球へのダメージを減らすことで、膨大な時間はかかりますが、まだ青い地球に戻せるでしょう。

話が長くなりましたが、一人ひとりがそれを考えて行動を変えることから、地球環境は改善されていきます。祈りと瞑想で素晴らしい地球環境を取り戻したとイメージングすることと同時に、自分が行動していくことが大切です。一歩ずつでもよいことを実現するために行動してください。頭の中だけでいろいろ考えを巡らしていても、世界はなにも変わりません。

Q. 今地球上で起こっている戦争すらも、人が愛を学ぶためのプロセスなのでしょうか？

この本の冒頭でも、間違った方向へ傾けられた愛のたとえとして、戦争について少しお話ししましたが、地球人はお互いに人を食べ合う人種ではありません。しかし、今のあなたがたはお互いに肉食動物のように狩りをし合っている動物になっています。

それはエコシステムを破壊するような戦争だったり、国境紛争だったり、内戦だったり、そこには狩る者と狩られる者のエネルギーがあります。

そして、世界平和をつくるということは、人々に対して自分の隣人は友人なのだ、自分の隣人を愛するのだということを知ってください。

別の見方もしましょう。どの窓にも光がともっています。そして、どの光も愛を表しているのです。人が持つ情熱とは愛なのです。なにかに対して本当に情熱を抱いていて、情熱＝愛ということであれば、その人は自分の信念に対して情熱を抱いていて、愛を抱いているということです。ということは、戦争も、それ自体正しい正しくないという判断を別にして話しますが、愛が基盤になっているといえるわけです。

ある信念に情熱を抱いたグループAと、違う信念に情熱を抱いているグループBが戦っているのです。そして、自分たちの信念が正しいと信じているのです。

一方は○○が神だといい、他方は△△が神だといいます。○○は△△よりもよい、いや、△△は○○より偉いなど、お互いにどちらの神がすごいとか偉いといっていますが、神はひとつの集合意識です。実はどれも同じ教義なのに、お互いを傷つけあっています。

それともうひとつつけ加えるなら、金や銀、銅などの鉱物（ミネラル）の権利による利権も紛争の一因にもなっています。世界的な紛争の根底にはこういったミネラルマネーが影響しています。

ですから、お互いが、自分たちの情熱を正しいものだと信じ、さらに利権が絡んだものが今の地球で起こっている戦争や内戦です。

元をたどれば地球上のすべての人があなたの親戚

地球上のすべての人が自分たちの隣人なのだと知ることが大切です。自分の血脈を先祖までたどっていけば、世界のみんなが親戚になります。この地球に人類が創生されてから、世界中に彼らが進化の旅をしながら増えていったのが今の地球人たちです。

国境や民族はすべて進化の過程でできたもので、本来はみんなが同じ場所で生まれており、みんながDNAのどこかでつながっています。

ですから、どうか知ってください。そして、自分たちの高慢さやエゴを脇に置いておいて、みんなで話し合ってください。

言語や言い回しが異なっても、実はすべての宗教は同じ真理を語っていることに。それが人々を破壊してしまっていることに。違った言葉で語られた同じことを言っているのですから。

そして、人をあやめてよいなどという教義をもった宗教などはないはずです。人を幸せにする宗教が、今もそうですが、過去にも人を苦しめ、命を奪ってしまっているのです。それはさきほども申し上げたように、それぞれがそれぞれの情熱を正しいと思っていて、これが真理だと信じていて、相手の情熱には耳を傾けないからです。

今すぐに世界中の争いごとが急に止むことは難しいかもしれません。しかし、一人ひとりが自分の役割を果たしていくことで、世界は動きます。方向性も変わります。ポジティブな集合意識を使って、世界の闇に光をあてていきましょう。

「自分は〇〇人」でなく、この惑星に住む全員が地球人

自分の国を誇りにするのは素晴らしいことですが、「私は日本人だ」とか、「私はアメリカ人だ」とか、〇〇人と宣言する限り、無意識的にであれ、自分と他者、自国と他国というふうに分離させてしまいます。それよりも自分の国の美しさや文化をどんどん人々と分かち合ってください。

そして、ほかの国の美しさや文化にも興味をもってください。人類全体には素晴らしい平等さがあるのだと知ってください。大勢の方々がよくいうのですが、夜空に向かってUFOを探しているとか、「私を今すぐ迎えに来て！」「この惑星から連れ出して!!」「どうぞ故郷へ連れて帰って！」と空に向かって叫んでいる人もいます。しかし、**この地球こそが今のあなたの家です。あなたの故郷なのです。**ほかにどこに帰るというのでしょう？この惑星の面倒を一人ひとりが本気でみなければいけない時期にきています。

地球を愛するということは自分自身を愛するということです。そして、エコシステムや隣人を愛するということを自分の情熱の一部として行動してほしいと思います。同じ目的を持ったグループやコミュニティーをつくって動いていってもよいでしょう。もしもイル

カが好きなら、そういうメンバーを集めて、イルカたちが生き残っていけるような快適な環境づくりをしたり、怪我したイルカたちの保護区をつくったり、今の環境を少しでも改善するためのボランティアをしたり、できることは山ほどあるはずです。みなさんが集団になってSNSなどで祈りを捧げるとき、それは集団意識となります。それによって、より大きな祈りのパワーとなり、ひとつの目的に注がれます。アセンデッドマスターや私たちはつねに耳を傾けています。あなたがたが目に見える形で、その祈りに応えているということではないかもしれませんが、つねに応えています。祈りがやってくると、私たちアセンデッドマスターたちが行動し、奇跡が起こります。本当に奇跡は起こるのです。環境や平和といった大きな理想も、まずは自分たちの意識を変えて、小さなことから取り組んでいくことです。

地球人に共通している愛のレッスンとは？

今回いろいろなケースごとにお話ししましたが、愛にはあらゆる側面が関わってきます。種の存続にも関わっていますし、誰か頼れる人がいるということ、永久につづくベストフレンドがいるということも愛がふたりをつなげています。そして、愛はこの世界にバランスをもたらします。自分自身を幸せに完璧に愛することができるならば、世界にバランスを与えることができます。他人を愛することもできます。そして、ともにバランスを得ることができます。

あなたがたは集団行動をする動物としてデザインされています。お互いが必要なのです。**愛の目的は、バランスをつくること、そして、調和を創造することです。**ともに世界を創造することが愛なのです。愛は、ともに世界を創造するという作業の完璧な例になります。とてもパワフルなものなのです。

Lesson 6

具現化のためのマニフェスト
９つのステップ

愛や願望を具現化するための9つのステップ

宇宙の法則に沿えば、どんなことでも具現化は可能です。「具現化のマニフェスト・9つのステップ」というものがあり、その手法を愛に置き換えることができるので、お伝えしていきます。

これはセルフワークの類ではありませんが、この9段階のプロセスを知っておくことで、恋愛が始まるシグナルをキャッチしたり、人生の転換期やバイオリズムを知ることで、その波にスムーズに乗れるようになります。

また、今自分は一体どこの段階にいるのかがわかるようになります。

現在、恋人を探している人や結婚したいと思っている人は、ぜひこのマニフェストを意識して生活してみてください。

また、このマニフェストは人生に関わるすべての願望に対応可能です。夢や目標がある人、お金、車、家などを手に入れてもっと豊かな生活をしたい人、ロマンティックな関係ではない真の友人やビジネスパートナーを探している人など、どのような状況にも当てはまります。

そして、一度この流れを体験すると、次から次へとシンクロが起こり、自分にとって必要な人や物が入ってきます。そうすると、「お、これは宇宙のマニフェストの流れが来ている！」とわかるようになります。宇宙の法則を味方につけて、素晴らしいパートナーを見つけたり、自分の夢を具現化していきましょう。わかりやすい例で説明します。

〈具現化のマニフェスト・9つのステップ〉

①スイッチが入る
②気づき
③好奇心
④ワクワク
⑤ファンタジー（幻想）
⑥現実に近づく
⑦より現実化していく
⑧チャンスが訪れる
⑨具現化する

①スイッチが入る

あなたはお茶を飲みながら、友人と楽しく会話していました。その雑談のなかで、豪華客船クルーズという言葉を耳にします。特にあなたは興味があるわけではないけれど、誰かが豪華客船クルーズに参加するんだという会話の切れ端を聞いたときに、頭の中でなにかのスイッチが入ったとします。豪華客船やクルーズという言葉で引き金が引かれます。

②気づき

それから2カ月くらい経過して、また、豪華客船という言葉が聞こえてきます。「あれ、また同じフレーズを聞いた」と気付きますが、まだ興味はありません。

しかし、またしばらく経ってから、誰かが「ものすごくゴージャスな客船でクルーズに行くんだ!」と話しているのを耳にします。「わお! 豪華客船クルーズ! 知っている」と、やっと興味を持ちはじめます。

③好奇心

好奇心が湧いてきて、インターネットの検索エンジンを使って、豪華客船クルーズをリサーチしてみます。そうすると、大きく立派な客船の外観や、船内での素敵なパーティーの模様、ゴージャスなディナーとワイン、幻想的な夜景など、想像をかき立てる画像がたくさん掲載されていて、どんどん興味が強くなっていきます。

④ワクワク

さまざまな情報を知ることができ、よりワクワクして、胸が高鳴ってきます。さらに詳細な部分までイメージングできるようになります。

⑤ファンタジー（幻想）

「行ってみたいけど、料金がとても高いから自分には絶対無理だろう。でも、楽しそうだな」といろいろと思いを巡らせ、想像がふくらんでいきます。

⑥現実に近づく

友人がその豪華客船クルーズから帰ってきて、楽しい土産話を聞きます。現実の話ですが、まだ自分が到達できる現実ではありません。

時間が経ち、またリサーチを繰り返します。シーズンオフになってきて、料金が下がってきました。もしかして可能かもという期待感がふくらんできます。少しずつ夢が近づいてくるのを感じています。

⑦より現実化していく

あるとき、偶然に港の船乗り場のそばを歩いていると、偶然に巨大な船が近づいてきました。その船はまさにウェブサイトで検索したあの豪華客船です。

「あ、これが豪華客船クルーズの船かな?」と思い、そのあたりをブラブラしています。

⑧チャンスが訪れる

やがて実際に自分が行動をとれるチャンスが訪れます。たとえば、船乗り場の近くに小さい売店があり、そこで働いている女性があなたを突然呼び止めます。

「ねえ、今すごくよい話があるのよ。1人の値段で家族全員が参加できる豪華客船クルーズのチケットがあるんだけどどうかしら?」といわれ、「それならチケットを買えるわ!」と飛び上がるほど歓喜します。

⑨具現化する

そのプラチナチケットで、家族全員で念願の豪華客船クルーズを存分に楽しむことができました。これが最終となる9番目のプロセスです。

最初はまったく興味や関心がなかったことでも、自分の周りにそのキーワードが何度も現れて興味を持ちはじめ、リサーチしたり人に聞いたりして、徐々にそれがリアルに感じてきます。そして「現実になるかも！」という感覚から、最後は現実化するというストーリーです。

スイッチが入る

気づき

好奇心

ワクワク

ファンタジー（幻想）

現実に近づく

より現実化していく

チャンスが訪れる

具現化する

結婚までを具現化マニフェストに置き換えると

本書では、わかりやすく豪華客船クルーズの話にしましたが、この9ステップの具現化マニフェストは、恋愛〜結婚や恋愛成就までのプロセスでもまったく同じです。

たとえば、最初のステップは誰かの話を耳にします。

「○○さん、結婚するんだって」という、よくあるロマンス話です。「へー、それはよかったね」と一緒に喜びますが、実際、自分自身は恋愛に関して特に興味がありません。しかし、頭の中ではスイッチが入りました。

2番目のステップ〝気づき〟では、結婚式場を見たり、カタログをペラペラとめくったり、自分が結婚するときを想像したりします。

シンデレラのような素敵なシーンです。

あなたが男性ならば、夜仕事から帰宅したら、素敵な奥さんが待っていてくれると楽しいだろうなと想像しはじめます。

恋愛に無関心だったり、結婚はまだ遠い世界だと思っていた人でも、パートナーがいたら人生がもっと色鮮やかになるだろうと考えたり、結婚について意識するようになります。

しかしまだ誰も現れてはいません。「誰かよい人が現れないかなあ」という段階です。

そして、３番目のステップとして、結婚の情報を調べたり、ネットの婚活サイトなどでパートナーとして可能性のある相手を探しはじめます。興味のある分野へ自らリサーチをかけていきます。

そして、いいなと思う相手を見つけます。ネットの婚活サイトかもしれないし、よく行くカフェで出会っていた相手かもしれません。

「彼は自分を気にいってくれるかな」「彼女は自分をどう思うだろう。拒絶されたらどうしよう」と不安になりながら、メールでコンタクトをとったり、気になる知り合いだったら直接声をかけてみます。時には「この人じゃなかった」とか「お互いに望んでいる理想が違った」ということもあるでしょう。

しかし、自ら行動を起こして、いろいろな人とデートをするという世界を探究していきます。

女性が気になる男性と直接デートをしたら、相手の体臭がどうしても受け付けられなくて、生理的に無理だった、なんていう現実的なＮＧもあるかもしれません。または、とんでもなくダサい色の靴下を履いていて「このセンスはとても無理！」と一気に熱が冷めてしまうときもあるでしょう。リアルな体験ですから、それでいいのです。いろいろとテストをしていく時期ですから。

そして、ある日、友人から「とても素敵な女性がいるんだけど一度会ってみない？」と言われ、会ってみることにします。

その女性が店に入ってきた瞬間、「あ!! この人だ！」と直観しました。2人きりで話していると時間がどんどん過ぎていきます。彼女のほうも楽しそうです。

そして、愛を深めていき、ついに2人は結婚をします。ようやく、あのとき見た結婚式のイメージが現実になりました。周りの景色が変わって見えるほどの幸せです。2人には家族が増えるかもしれませんし、2人だけで生涯仲良く暮らしていくかもしれません。もしくは人生の途中で別離を選び、再び別々の道を歩くことになるかもしれません。でも、それはそれでよいのです。すべてはその人たちのレッスンになり、糧になるからです。

しかし、結婚を意識するスイッチのステップから、9番目のゴールインするまでのプロセスは誰もが通る道になります。恋愛だけでなく、ほかの願望や目標、夢も、この9つのステップで説明できますし、実際、この段階を経て、ものごとのすべては現実化していくのです。ですので、自分が今一体どういうステップにいるのかなと意識したり、まだなにも起こっていなかったら、第一のステップであるスイッチがいつ入るのか、楽しみにしながら生活してみましょう。

もしスイッチが入ったら、その後、宇宙の具現化マニフェストが、どのようにあなたを運んでくれるか体験してみてください。

宇宙の法則は確実にあなたの味方をしてくれます。

王道的な愛のステージの別バージョン

また、具現化マニフェストとはまったく違うものですが、別バージョンの愛のステージもお話ししておきます。これは全員がそうなるということではありませんし、人それぞれでの愛の形が異なりますので、当てはめることができない部分はあります。しかし、ふたりの甘いロマンスの時期から、家族が増えていき、晩年また2人に戻り、最初のステージに還るというものです。

ステージ①

ロマンス（性愛）。最初の甘いワクワクした状態です。

ステージ②

安定期。ロマンスはだんだんなくなっていき、ファンタジーよりも現実の時期になります。お互いに大好きですが、いつも一緒にいたいという感覚ではありません（一般的に、ステージ①とステージ②がワクワクする段階です）。

ステージ③

結婚して家族をつくる。ここで結婚したり、子どもが生まれたりします。子どもがいなくてもペットを飼ったり、親と一緒に住んだり、家族のユニットとして、ともに生活します。

ステージ④

家族。夫婦が兄弟姉妹のように安心した空間で生きていきます。絆もできます。ステージ①、ステージ②のようにワクワクする感じではありませんが、安定と信頼と深い絆が生まれていますので、なにかが起こってゆらぐこともありません。

ステージ⑤

歳を取ってきて相手の体調が悪くなっても、最初のステップに戻り、その人が自分にとってすべてだという感覚が生じます。愛の美しいバランスの整った部分にまた還る、ゼロにまた戻るという状態です。若い人がロマンティックな相手を見つけて結婚しても、ずっと独身だった年配の人が結婚することになっても、基本的に、このステージ⑤までの道を歩むことになります。もしも相手と争いが起こり別れることになってしまっても、それまでの過程が学びです。またスパークする人が現れたら、ステージ①からスタートすることになりますが、学んでいますので、そのプロセスや内容は異なったものになる場合もあります。

Lesson 7

自分を癒やし、
愛に生きるためのセルフメソッド

真実の愛に戻るための11次元メソッド

この地球上に生まれたすべての人は、真実の愛を体感するために生まれてきています。しかし、生きているなかで、人それぞれの悩みや問題を抱えています。私のところにも日々、さまざまな年齢の人たちからいろいろな相談がありますが、共通しているのはやはり、愛を十分に体感したい、愛され、愛したいというものです。

それは人類共通の願いでしょう。

ほかにも、トラウマを解消したいという人、昔のトラウマを癒やしてもう一度誰かを愛したいと願う人、自分を愛することができない人、他人とうまく関係を持続できない人、LGBTで心が傷ついてしまっている人、好きな人に振り向いてもらえない人、全然パートナーができない人など、本当にさまざまな問題があります。

そして、そういった問題を抱えている多くの人たちの心の根底にあるのは「自己価値観の欠如」です。この感情を癒やしていくと、付随するネガティブな感情も消えていきます。

そこで、それらをすべて自分で解消していくためのセルフヒーリングの方法をお教えいたします。**真実の愛に戻るための11次元メソッド**です。

ひとりでできますので、誰かに気を使わず、人の目も気にせず、自分の感情を浄化していくことができます。

メソッドをお伝えする前に、また少し大事なことを説明します。

愛にまつわるすべての問題は、内なるスピリット（魂）を目覚めさせることが必要です。内なる光を目覚めさせると、さまざまな問題が自然と解消されます。幼少時にトラウマを体験すると、自分の内なる光が暗くなってしまっています。そして、自分自身に罰を与えようとする傾向があります。自分自身のせいだったと思い込んでしまうのです。人間はそのように教え込まれているんです。

自分には価値がないと信じ込んでしまいます。実は、**最初に子どもが学ぶ言葉は、ママやパパでなくNO**だと聞いたことがあります。意外ですか？「それは触っちゃダメ」「ここにきちゃダメ」「あっちに行っちゃダメ」などなど。親から四六時中「NO」という言葉を聞かされているので最初に覚えてしまうらしいのですが、これは自分の価値を壊してしまう言葉です。

そして、この世界中を見回してみても、ポジティブな言葉より、NOやダメ、無理などのネガティブな言葉が圧倒的に多くて、ネガティブワードの洪水に驚かされることでしょう。

あなたのリストにはたくさんの信念（思い込み）が貼られていくのですが、その多くは自分の価値に関係しています。自分には価値がないとか、自分には生きている理由がないとか、世界で自分の役割がないとか……。

それは生まれたときから、親に「NO」「ダメ」といわれつづけたからかもしれません。親もその子を否定して、NOと言いつづけていたわけではありませんが、なんでも吸収する柔軟な脳を持っている子ども時代に「NO」のシャワーを毎日浴びていたら、どんな子どもにだって、多かれ少なかれその言葉が刷り込まれてしまいます。

そして、小学校時代などにいじめに遭ってしまったり、なにか忘れられないいやなことが起こったり、高校や大学入試に失敗したり、ささいなつまずきから不登校になってしまったりなど、いろいろな経験によってハートは穴だらけになっていきます。

ここまで読んでおわかりのように、愛にまつわる問題の根底には「自分の無価値感」が大きく影響しています。自分の無価値感がハートの穴になっているので、相手がすべての穴を埋めてくれると思って誰かと付き合うのですが、結果、その相手は穴を埋めてくれる人ではなかったとわかると別離となり、あなたの中に恋愛に失敗したというラベルがまた増えるわけです。そして、ハートに新しい穴が開いてしまうのです。

愛で傷ついた人たちへの究極の処方箋

アファメーション（自分自身に宣言する章句）を使うことも有効ですが、一日でなにかすぐに変化するものはありません。セッションも同様です。魔法ではありませんので、その日から人生が突然変わるということはありません。

マッサージセラピーなどは人に触れられるので、トラウマがある人にとっては苦痛かもしれません。

暖かいお風呂に入るのは、子宮に入っているような状態になるので、これは有効です。

そこで、愛の問題（無価値感をはじめ、愛に傷付いたり、失恋の痛みや死別の喪失感から立ち直れないなど）を抱えている人たち全員が安心して試せるセルフヒーリングを紹介します。

【ハートを修復するためのアファメーション＆瞑想】

愛全般の問題解決と、それによって壊れてしまったり疲弊してしまったハートを癒やします。

①　簡単な瞑想をします。瞑想のスタイルもやるべき時間も自由で場所はどこでも可能です。朝起きた時や寝る前だけでなく、電車での移動中でも、会社の休憩時間でもできます。あなたの心地よいと感じるスタイルと時間で結構です。自分自身が無になり集中している状態こそが瞑想ですので、散歩しながらでも、座っていても、立っていても、あなたにとって瞑想と感じれば、それでＯＫです。瞑想中にはヘッドフォンで自然の音（鳥のさえずりや水の流れる音など）など、自分が心地よいと感じる音を聴くと効果が高まります。人によっては、テレビのスクリーンのようなものに、美しいイメージ映像（セリフが入っていないものが望ましい）を流すと、より効果的なこともあります。

②　愛を呼吸で取り入れていき、ストレスを解放します。宇宙の強さを呼吸で取り込んでいきます。そして、自分の弱さやネガティブな感情を解放していきます。ヨガの呼吸のように、下から上へと呼吸をしていきます。呼吸をすることによって身体の中は新しい酸素で満たされます。呼吸の回数に決まりはありませんが、自分が気持ちよいと思える回数でＯＫです。ストレスを感じている人はろっ骨が丸まって、肺も縮こまってしまってい

ます。それらを拡《ひろ》げるためにストレッチをして伸ばしていきます。

③　次のようなアファメーションを唱えます。

私は善人である。
私には価値がある。
私は人々に対して提供するものがある。
私は美しい。
私は強い。
私は大いなる善と約束している。
私は宇宙のあらわれだ。
宇宙の存在が私のハートに住んでいる。
私の行動はすべて宇宙の意志の反映だ。
私は知性的だ。
私は魅力的だ。
私は宇宙の存在である。

私は私を愛している。
私は生きている。
私は愛である。

アファメーションは覚えておくのもたいへんなので、長いものより短いものを何度も唱えるほうが楽です。**必ずポジティブでシンプルなフレーズ**にしてください。アファメーションのつくりかたはいろいろな本にも出ていますので知っている方も多いと思いますが、○○したい、ではなく、○○です、というように必ず現在形にします。「お金持ちになりたい」と宣言すると、今現在お金がなく、「欲しい」「欲しい」という欠乏感が出てしまいます。そうではなく、「私は十分に豊かです」というふうに現在形で唱えるようにしましょう。そして、その言葉を自らが本気で心の底から信じることです。自分のアファメーションを疑わないでください。

これらのアファメーションはすべて覚える必要はなく、自分に必要だと感じる言葉をひとつ、もしくはいくつか選び、少なくとも3回以上繰り返し唱えてください。そして、リズムに乗りながら歩いてください。

朝起きて太陽を浴びながら、電車での移動中に、食事の前や後に、休憩時間に、お風呂の中で、眠る前に、いつでもどこでもよいので、毎日10～15分くらい繰り返し唱えてほしいと思います。時間がなければ3回で結構です。

もちろん、これら以外の自分でつくり出した言葉でもOKです。自分自身に必要だと思った言葉や、今の自分が宣言したいことを自分のアファメーションやチャントとして使っていきましょう。

何度も同じ言葉を唱えていると、それが本当のことのように信じられてきます。脳の中にその言葉が確実に刻み込まれていきます。

そうなると、これまでとは異なる行動をとるようになり、自分が変わっていくのを実感できるようになります。これが最短です。

自分の感情をきれいに洗い流す「再誕生セラピー」

さて、それ以外にも自分自身の詰まった感情や長年消し去れずにいる心の傷を水で洗い流していくセルフヒーリングがあります。これは、お風呂を使った**「再誕生セラピー」**という手法で、とてもパワフルな効果を発揮してくれます。簡単にいうと、お風呂の中で、母親の子宮から出てくる感じを体感することができるワークです。

ただし、過去にひどい虐待を受けたり、つらい体験をしてトラウマを抱えている人は、お風呂にいやな思い出があったり、水を怖れている場合があります。そういうときには、無理せずにシャワーを利用してもよいですし、水のない場所でも可能です。たとえば、近くの森とか山、大きな公園、海辺でも大丈夫です。

基本的には、水でネガティブな感情を洗い流すイメージなので、水があり静かな場所が理想的です。

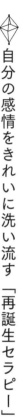

【再誕生セラピーの方法】

① バスタブにお湯をはります。

② 湯船の中でアファメーション（さきほど挙げたものから好きな言葉を選んでもOKです）を繰り返し唱えます。目を閉じて、宇宙の光の存在を身体の中に取り入れていくイメージをしてください。

③ どんな古いトラウマも、苦しみや痛みや哀しみも、自分にもう必要なく、世俗的な体験はすべて解放し、光が身体中の全細胞に浸透していくようにイメージしてください。

④ クラウン（頭頂部のチャクラ：第7チャクラ）から光が入っていくのを感じてください。あなたの中に光を呼吸で取りこんでいくイメージです。

⑤ 鼻はお湯の中から出したまま、光が身体に入ってくるときに、身体全体をお湯の中

に沈みこませていってください。そして、こう唱えましょう。

「私は愛」「私は愛のなかで生まれた」……。

アファメーションは例です。前に挙げたもののいくつかを選んでいただいてもＯＫですし、自分自身でつくってもよいでしょう。

⑥　最後にお湯から上がるときには、自分は神になったような気持ちでいましょう。そして「宇宙の腕の中で私は再誕生しました」「私は解き放たれています」「私は自由です」と高らかに唱えましょう（周りに人がいるときは心の中で唱える形でもＯＫです）。

⑦　その後、もしつづけたければ、もう一度湯船に入り、同じワークを何度でも繰り返しましょう。目を閉じて、抱かれている感覚を何度も感じてみてください。

このセラピーを終えると、自分が生まれたてのような感覚になると思います。

それはまるでスピリットや宇宙の存在、聖母マリア、大天使ミカエルなど、たくさんの存在たちがあなたを胸元に抱いているのです。人ではなく、大いなる宇宙の存在たちが、あなたをまるで小さな子どものように抱きかかえてくれています。愛の源を感じられると

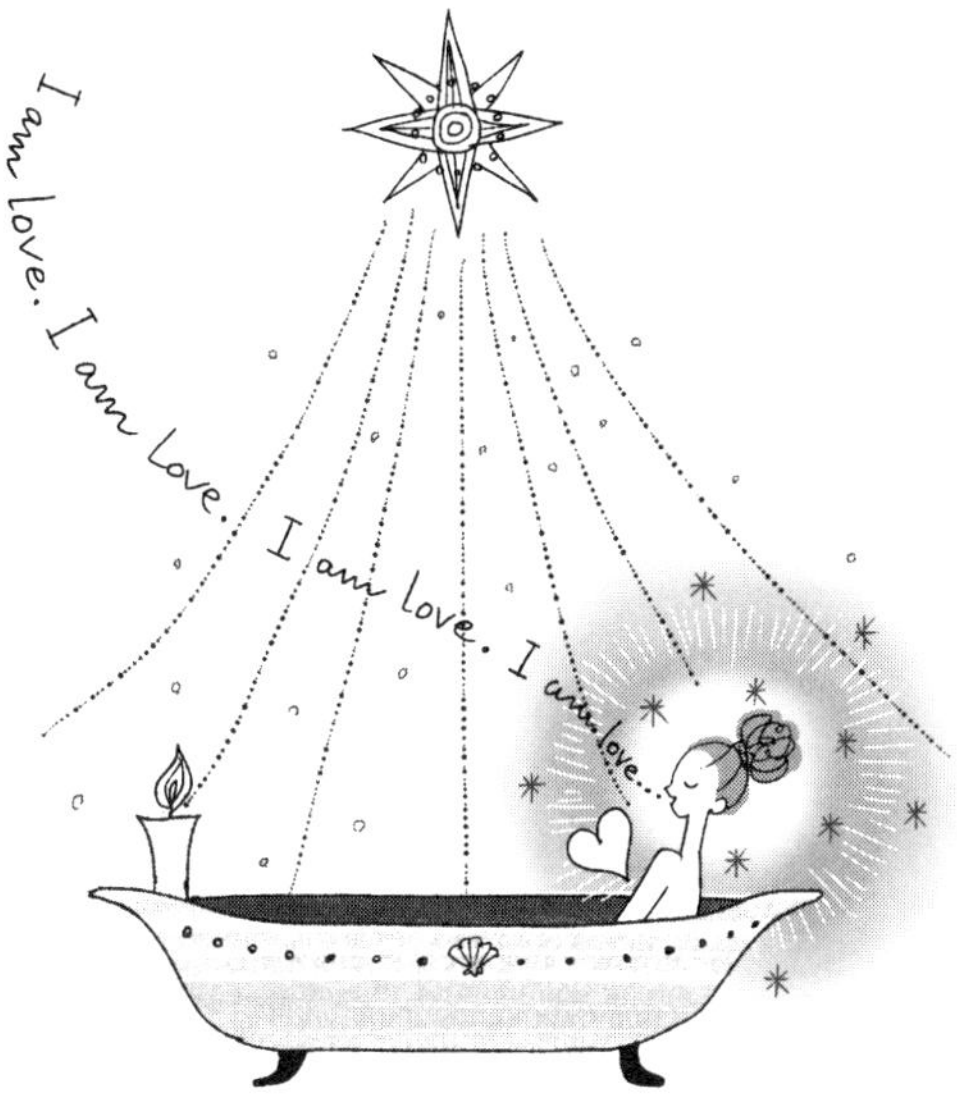

思います。
この再誕生セラピーは本当に素晴らしい効果を感じられると思います。これは、あなたが自分で自分をヒーリングして、コントロールしているのです。あなたが深く呼吸をして宇宙の光の存在を取りこむことで、身体の全細胞がエネルギーに満ちてきます。
そして、いろいろな苦しい記憶もトラウマも、ネガティブな感情すべてが身体からはがされて、消失していきます。

人の身体の60〜70%は水でできています。世界的な水の研究家だった故・江本勝先生はそうおっしゃいました。私の生まれた金星でも彼は水の研究者として活躍しているようです。水に愛という言葉を与えると水の性質は愛に変わる

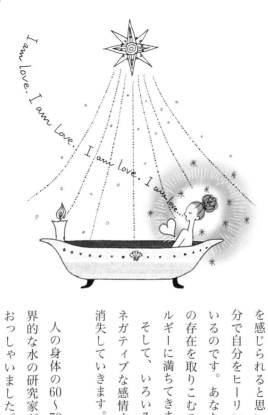

のです。あなたが使っているお風呂の水が宇宙の愛が詰まった水だと宣言すれば、それは宇宙の愛と光のお風呂となるのです。

その水の中で、あなたは宇宙の存在の腕に抱かれ、古いあなたは消失し、再び新しいあなたがこの世界に誕生したのです。

これによって自分自身を信じるようになります。

このセルフセラピーによって、あなたがお風呂から出て来るときに「私は自由だ」と感じ、見る世界が変わっていることに気づくことでしょう。すべての問題はこの再誕生セラピーを繰り返し行うことで、段階的にでも解決していきます。

もしも家に浴槽がない人はシャワーだけでも結構です。水は人を癒やすからです。ただ、浴槽の中に入ることで、自分が子宮の羊水に浸っていたときの記憶や感情を再現できますし、再誕生するというプロセスをよりクリアーに体験できますので、浴槽がない人は、時には、温泉やスパ、健康ランドのような施設やプールに行き、大きなバスタブでこのワークをすることをおすすめします。

日頃はシャワーでもよいので、入浴のたびにこのワークをしてください。

また、海岸の岩場に座ってでもこの再誕生セラピーはできます。波が打ち上げられて、身体中に海水を浴びることで、あなたを浄化してくれます。海水によって体内のイオンバランスも変わります。**海水セラピーは元々昔からあり、とても有効な方法ですが、再誕生セラピーの方法を組み合わせると、よりパワフルなワークを行うことができます。**

もちろん近くに海岸がない方は、家のお風呂にソルトを入れて、海水に近づけてもよいでしょう。同じイオン的効果が期待できます。

この再誕生セラピーは、**「感情のクレンジング」**なのです。あなたが長年抱えていたネガティブな感情や苦しみ、傷ついた心を解放します。女性がきれいにメイクしたら、その日の夜にはメイクを落とすためにクレンジングをしますね。それと同じように、心の中も毎日クレンジングしてあげると、翌日の気持ちのありかたやエネルギーの満ち方が違ってきます。

「赦《ゆる》しと別れのためのセルフセレモニー」の方法

次に、ひとりでできる「儀式」をお教えしましょう。

人間の感情のなかでも「赦す」という感情はとても扱いが難しく、頭で理解しても肚《はら》の底で理解できないことも多々あります。気持ちと行動が別々になってしまうこともあります。

しかし、もしも本当に憎しみを感じて、大嫌いだと思う人がいるならば、その人を赦すことが自分を赦すことになり、生きていて心がとても楽になります。想像してみてください。誰かをずっと赦さないままですと、一生その人が自分の心に張り付いている状態になるからです。逆にその人を永遠に忘れることができなくなります。それよりも、その人を赦して、記憶から手放すほうが気持ちよいですよね。

ですので、誰かを赦すという作業をすることで自分が一歩前進することができます。人生の次の新しい扉を開けることができるのです。

そのためには頭でなにかしようとしてもなかなか難しいので、セルフセレモニーの方法をお教えいたします。

これはどのような赦しに関しても有効です。誰かに裏切られいまだにその傷が癒えない人、怒りをひきずっている人、愛する人と別離してチャクラが引き裂かれてしまったようなつらい悲しみがある人、大事な友情が終わってしまった人などにも、ぜひ行っていただきたい儀式です。

親や家族、昔の恋人、かつての妻や夫、仕事の上司や同僚、友人、そして自分自身など、どんな対象でも結構です。

赦しだけでなく、失恋や愛する人との死別などにも、ネガティブな感情、哀しみや喪失感などを終わらせ、新しい愛を始めるための心をつくったり、仕事や趣味への意欲を取り戻すことをスタートさせたい人たちにもおすすめしたいメソッドです。

まず、次のものを用意します。

◆小さ目の段ボール箱や空箱（家にあるどんな箱でも構いません）

◆紙とペン（ＰＣやスマホを使う方法もありますが、手書きという行為がセラピーになります）。

◆1本のバラの花

一体なにをするのだろうと思うかもしれませんが、簡単にいうと、別れた相手、赦せない相手に手紙を書くのです。

もしくは自分自身に対して手紙を書くこともできます。悲しかったこと、つらかったこと、深い苦しみをもたらした原因、どうしてその人をこんなに深く愛していたのかなど、どんなことでもどんどん書き出してください。

その人との間に起こったことについて深い部分にまで踏み込んでいって、すべて書き出すことがポイントです。そして、最後には「ＷＩＴＨ　ＬＯＶＥ」や「愛を込めて」という一筆を加えておいてください。

相手を赦すということと、自分自身を赦すということは同じことなのです。このワークは、赦すという部分が大きく関わってきます。これも大きな愛のひとつです。

「あなたとの素晴らしい関係が終わってしまったことをとても悲しんでいます。私のしたことに関しては赦してください。あなたのこともすべて赦します」というように、自分の感情を正直に書き出します。書き上がった手紙とバラの花1本を段ボール箱（なければ容量が十分な紙袋などでも結構です）に入れます。段ボール箱は、手紙と1本のバラの花が入る程度の大きさで大丈夫です。

バラ以外の花でもよいのかと聞かれることがありますが、バラは「解放」を意味しますので、なるべくバラの花がよいでしょう。

バラの葉は滋養、棘は痛みを表す

次に心地よい場所を見つけてください。海でも川でもよいです。自分が安心できる場所に座り、その手紙を声に出して読んでください。そして、バラの花びらを1枚とって、どれだけ相手を想っていたかを言いながら、花びらを段ボール箱に入れていきます。

「○○○だから、あなたが好きでした」「△△△なところが好きでした」「××な理由であなたを好きだった」というふうに1つずつ相手の好きだった部分を言っていきます。どれだけ好きだったかを口に出していきます。これは宇宙に対して話しているのです。

バラの葉は栄養を表すものなので、「あなたは私に栄養を与えてくれます」「あなたは私に力を与えてくれます」「あなたは私に新しい道を示してくれます」と言いながら、茎からむしった葉も1枚ずつ箱に入れていきます。

次は棘です。「私は痛みから解き放たれています」と言いながら棘を取って、箱に入れていきます。

最後に残ったバラの茎は、「私はこの関係を愛をもって終わらせます」と言って、箱に入れます。

そして、手紙やバラ1輪などが入る程度の小さな段ボール箱を持って、海なり、川なり、橋なり、崖なり、自分が気持ちよいと思う場所へ行きます。

箱に入っているものすべてを一旦出して、手紙をもう一度声に出して読んでください（どうしても人の目が気になる場合は小さな声でつぶやいてください）。

その後「私はあなたを赦します」「私はあなたを解き放ちます」と言います。

次に、茎をこまかく折りながら、「私はあなたを赦します」「私はあなたを解き放ちます。そして私は私を解き放ちます」と言いながら、バラの花びら、葉、こまかく折った茎をすべて海や川に流します。それによって、相手との関係をきれいに精算します。

最後に、残った手紙もビリビリにこまかく破きます。裂かれた手紙を海や川に流すようなイメージングをした後、実際には流さずに（河川や海洋汚染につながりますので！）、その場で燃やすか（火災に注意し、燃えカスの処理も忘れずに）、もしくは、すべてを集めて持って帰って、家で捨てましょう。

手元には段ボール箱だけが残ります。段ボール箱も捨てたがる人がいますが、環境汚染にもなるのでやめましょう。

そして最後に、手を合わせ、神や大地に祈り、終了です。

手紙を燃やした煙は浄化やアセンションの助けになる

このようにバラなどを撒ける場所がなければ、手紙を読んだ後にライターなどで安全に注意しながら燃やしてください。立ち昇る煙は浄化やアセンションをうながします。バラの花は近くの公園や空き地など、土があり、迷惑がかからないような場所にまいておけばよいでしょう。自然と土に還っていくので環境を汚染することもありません。

こういった「セルフセレモニー（ひとり儀式）」を行うことで、自分自身のハートや脳に切り替えが起こります。心でなにかを思っているだけでは人間はなかなか切り替えが起こらないのです。

ですから、あえて、セレモニーを行うことはとても大切です。そして、実際に行動することで脳にスイッチが入りますので、ぜひ試してみてください。

信頼できる師やドクターを見つけることも大切

紹介したメソッドやセラピーやセレモニーを行っていただくだけでもかなりパワフルで

すが、同時並行して、マッサージやレイキ、ヒプノセラピーなどを受けていってもよいと思います。ただし、信頼できるマスターを見つけることが大切です。

もしもメンタルケアの病院に行っている人、または行こうと思っている人は、医師に質問をどんどんしてください。

「この仕事をどのくらいつづけていますか？」「どんな治療法で進めていきますか？」「先生の過去の患者さんたちは今どうなりましたか？」「どのくらいで治りますか？」「先生は結婚していますか？」などなど。質問リストをあらかじめ作成しておいてもよいでしょう。「こんな質問をたくさんして申し訳ないですが、信頼するために質問する必要があります」と言ってみましょう。「そんな質問には答えられない」というようなドクターだったら、席から立ち去りましょう！

普通ならば、医師から患者さんへ問診をして、患者さんは緊張しながら質問に答えるだけというのが一般的ですが、医師と患者は本来対等です。信頼できるかどうかわからない人に自身のすべてを任せてしまってよいのでしょうか？　もしもあなたの投げた質問にしどろもどろになったり、面倒くさそうにしたりしたら、それから先、あなたは心を開いてすべてを相談できるでしょうか？

セラピストとクライアントでも、医者と患者でも同じですが、お互いに信頼関係を築けなかったら、よい結果は出ません。元々心が傷ついていて、トラウマを抱えていたり、つらい思いで生きている人にとって、信頼できるマスターやドクターを見つけることは最優先事項です。自分の人生を本気で変えたかったら、目の前の医者に自分を預けられるかどうかはとても重要な問題です。医者に診ていただく、のではなくて、こちらも医者を選ぶのです。それを忘れないでください。少なくとも、患者をコントロールしはじめるドクターやセラピストは避けるべきです。

愛に生きるためには心と身体を整える

ここまでで、真実の愛に生きるためのハートの癒やし方や具体的メソッドは理解していただけたと思います。

しかし、人間は心と身体のバランスを保って生きている生き物です。心ばかりに目がいくと、身体がおろそかになってしまうときもあります。また、心のバランスを崩したことが引き金で身体が病気になってしまったりすることもあります。

ですので、身体のケアやメンテナンスについてもお話ししておきます。

もしもすでに、感情のつまりが原因で、体調や心のバランスが崩れているときには、すみやかに病院に行って診察を受けてください。

よく、ストレスからこういう体調不良になっているんだと勝手に自己診断してしまい、病院にも行かずに放置している人がいます。

それはとても危険です。なぜ医者に行きなさいというかというと、「咳が出る」「身体がなんとなくだるい」「微熱がつづく」「食欲がない」「眠れない」「イライラする」「心が沈んでいてなにもやる気が起きない」「胃や心臓、またはどこかの内臓部分が痛い」など、ストレスだけでは片づけられない症状が混ざっている場合があります。ストレスが引き金かもしれませんが、本当に緊急の症状かもしれないのです。それはセルフヒーリングだけでは間に合いませんし、医療的処置を同時に受けないといけません。

「最近背中が痛いな」と思ってほっておくと、実は腎臓病の場合もありますし、なんとなく下腹が痛いと思っていると、婦人科系の疾患にかかっているときもあります。ですから、まずは専門病院できちんと検査をして、正確な情報や診断をもらってから、自分でどうするか考えていきましょう。カイロプラクティックでもレイキでもリンパマッサージでも統合医療でもご自分が信頼できると思う方法を選択して、身体を治していきましょう。

身体はすべての土台です。身体と心と魂が三位一体で健やかでなければ、人生を味わえません。ダイナミックな人生を楽しむために、自分自身のメンテナンスはしっかりやっておくことが大切です。

セルフメンテナンス～自分を愛するための12カ条

心と身体と魂の健康はすべての基盤になります。どれかひとつでも不具合が生じると、三位一体のバランスが崩れ、その人本来の輝きが濁ってしまいます。

そうなると、その人にとっての愛のレッスンを成就するのも難しくなります。ですので、日々のセルフメンテナンスを怠らないようにしましょう。

そこで、誰にでも簡単につづけることができるセルフメンテナンスのための12カ条を覚えておいてください。すべて当たり前の基本的なことですが、忙しいと忘れがちになってしまうものばかりです。

①なるべく毎日、外に出て太陽の光を浴びて（日光のアレルギーがある方は夜でもOKです）身体を動かしてください。

②化学物質を多量に使用したジャンクフードはなるべく避けましょう。

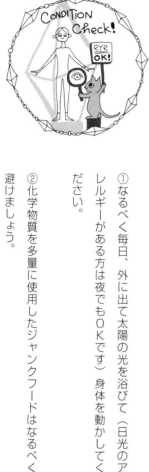

③新鮮な果物や野菜、穀物、乳製品を積極的に毎日摂取しましょう。また、自分が口にする食材が一体どこから来たものなのかを意識して選ぶようにしましょう。食べ物は身体をつくるための大切なものです。できるだけ化学物質や農薬を使っていないオーガニックなどの安心安全な食材を使った食事をとるようにしてください。野菜や果物の皮をむけば、オーガニックでなくても大丈夫です。また、マクロビなどの食事もおすすめです。それと、食べ物に関してひとつ加えておきたいのですが、自分が知らず知らずになにかのアレルギーを持っている場合があります。大好きな食べ物が突然アレルギー源になって食べられなくなったという話も数多く聞きます。たとえば、私のチャネルであるテリーはピーナッツアレルギーです。昔は知らずにたくさん食べていましたが、あるとき、それが判明しました。身体が必要なものは身体が知っています。あなたの身体ときちんと対話して、身体の声を聴いてあげてください。そうすると、今あなたの身体にとってなにが必要で、なにが不必要か、わかるはずです。

④新鮮な水を毎日2ℓ以上は飲むようにしましょう。水は身体の毒素やネガティブな感情、邪気などをすべて清め、洗い流します。ネガティブな思考で詰まった部分も水によって流してくれます。

⑤アロマセラピーやカラーセラピー、ストーンセラピーなど、目に見えない世界のセラピーを時々使って、精神的ストレスなどを緩和してください。

⑥時々、精神的な休息をたっぷりとるようにしてください。日本ではストレス死や過労死も起こっています。自分ではギリギリまで限界がわからないのです。そこまで疲労消耗してしまっている人が増えています。時には大自然に触れに行くとか、静かな場所でゆっくり読書を楽しむとか、浜辺でリラックスするとか、日常とはかけ離れた場所でリラックスする時間を楽しんでください。人は労働ロボットではありません。人生は楽しむためにあるのです。

⑦睡眠時間を毎日7~8時間はとるようにしましょう。医学的統計でも6時間以下の睡

眠や8時間以上の睡眠は老化を早めるというデータが出ています。身体的、精神的健康のためにも、なるべく適当な睡眠時間は確保してください。また、睡眠の質も大切です。アロマや加湿器を使って、気持ちよく眠れる環境づくりを心がけましょう。

⑧つねに自分のストレス度数をモニターしましょう。人間ですから、毎日の感情や体調にバイオリズムがあり、波があるのは当然です。ただし、過剰なストレスによって気持ちがずっと落ち込んでいるとか、気分がうつっぽくなっているときは要注意です。すぐに切り替えが必要なので、海、川、山、森など自然を感じられる場所に行ってエネルギーチャージをしたり、趣味でリフレッシュしてください。

⑨いつも自分の身体の状態をみてください。足に痛みがあれば、これは痛風なのか、骨折なのか、筋肉の不調なのかを考え、病院できちんとした診察を受けてください。なんでも自己流で治さないようにしてください。

⑩化学繊維の服や香料でもアレルギー反応を起こす場合があるので、化学物質過敏症の人や敏感な体質の人は、素材や原料にも注意しましょう。できるだけ綿素材や麻の服を着るとか、石鹸やシャンプーなども無香料の製品を選ぶようにすると身体に負担がありません。

⑪毎日少なくとも20分間は瞑想をしてください。

⑫1日1善を実行しましょう。誰にでもよいので、1日1回はよいことをしましょう。感謝されなくても、誰も見ていなくても、人のためになることをしてください。心に余裕がないときでもこれを実行しつづけることで、自分自身も清々しい気持ちになりますし、宇宙への徳も積めます。

あなたがたはデリケートなゆりの花のような存在なのです。光に向かってアセンションしようとしている存在です。美しい庭を見て、きれいなゆりの花を見つけたら、わざわざ踏みつけたりしませんよね？　水をあげて、栄養をあげて、育んでいこうとしますよね。

人間もそれと同じです。つねに気を使い、問題があれば、それをなくすように自分の身体の面倒をみることが大切です。

メンタルの病気も、不健康な食事や不規則な生活習慣が大きな引き金になる場合があります。自分の身体は自分で面倒をみる。簡単なことですが、忙しい日常生活では一番忘れがちなことでもあります。どうぞ、自分の身体と心のケアをきちんとしてあげてください。

これらはすべて小さなことです。でも、これらを毎日するだけで大きな徳を積むことになりますし、あなたの心が浄化されていきます。

なにも、ガチガチのベジタリアンになりなさい、厳しい修行をしなさいと言っているわけではありません。無理はいけません。ストレスで逆に魂が曇ってしまいますし、ストレスから過食になったり、イライラが増えたり、不機嫌になったり、できなければ投げやりにあってすべてを放り投げてしまいます。そうでなく、気持ちよくできることを毎日することです。それだけでも身体は大きく変わっていきます。何度も言いますが、すべての基盤は身体、心、魂の健康です。ここからすべてが始まります。どれほど愛のレッスンを学んでも、精神的世界を探究しても、難しいスピリチュアルブックを読み漁《あさ》っても、自分自身が病んでいたら幸せではありませんよね。

ですから、まずはボディメンテナンスをしていきましょう。

いつもあなたと一緒にいてくれる自分の肉体に感謝を捧げ、大事に、丁寧に、毎日ケアしてあげてください。

おわりに　人は誰でも神の子なのです

私がこの地球人たちになにが言いたいのかというと、まず自分自身を愛しなさい、ということです。そして、自分自身が誰かということを知ってください。自分を好きになってください。鏡に映っているあなた自身を愛してください。この地球上でもっとも尊いものを思いやるという気持ちで自分自身の面倒をみるのです。だからといって、もっとも高価なものを自分に与えなさいといっているわけではありません。

でもあなた方一人ひとりに、神のスパークがあるのです。

宇宙の光があなたがたの内側に宿っているのです。それは神のスパークなのです。人体の4つの細胞がくっつくと真ん中に十字ができます。それを私は「神のスパーク」と呼んでいます。命あるすべてのものにはこの十字が身体の中に宿っています。これは人の中に神がいるという証です。あなたの中にも、パートナーの中にも、隣人の中にも、神が宿っているのです。

ですから、自分を愛し、パートナーを愛し、隣人を愛すること。周りの人たちを愛し、この地球に住む同じ船の仲間たちを愛すること。人々はすべてつながっています。

ですから、まずは自分自身を愛するところから始めましょう。

自分自身が神のあらわれであるというふうに、自分を取り扱ってください。仏陀は神の子です。イエス・キリストも神の子です。あらゆる偉大なリーダーやアセンデッドマスターたちも神の子です。

そして、あなたも神の子です。

あなたのパートナーも、あなたの両親も、おじいちゃんおばあちゃんも、あなたの子どもも、あなたの孫も、隣人も、苦手な誰かも、みんな神の子なのです。

みんなが娘であり、息子です。ですから、自分自身を尊重してください。そして、他人を尊重してください。

そうすれば、ほかの人もあなたをそのように尊重してくれます。

自分を愛し、他人を愛してください。

そうすれば、ほかの人もあなたをそのように愛してくれます。

動物、植物もみんな同じです。この世界に生きているすべてのものにも同じように尊敬、尊重の心をもって扱いましょう。

お互いに調和を持って、この地球で生かされていることを忘れないでください。

かわいいあなたたち全員が、最良の愛のレッスンをこの地球で学べるよう心から応援しています。

いつも私たちはあなたたちのそばにいます。

愛を込めて

ロード・アシュタール

Dr. テリー・サイモン　Dr. Terrie Symons

形而上学ドクター。レディ・アシュタール。米国オレゴン州で生まれ育つ。幼少時よりスピリットが見えたりするなど、見えないものを感じる力を持つ。大学卒業後、小中学校の教師をしていた1991年頃から本格的にアシュタールとのコンタクトが始まり、世界中の人々がアシュタールからのメッセージを聞くために彼女の元に訪ねてくるようになる。2008年に初来日、2010年以降は定期的に来日し、日本全国でアシュタールの愛と平和のメッセ―ジを広く伝えている。

アシュタール　Ashtar

愛と平和を守るために金星から来たアセンデッドマスター。ギャラティク・フェデレーション（宇宙連合）のアシュタール・コマンドとして活躍するかたわら、アセンデッドマスターとしてサナンダ（キリスト）や仏陀とともに非物質宇宙空間、11次元に存在し、スター・オブ・アシュタールと呼ばれているスペースシップのコマンド（指揮官）でもある。地球のアセンションの変化の時、人々の魂を光と愛に導くために、世界中の幾人かを通してメッセージを伝えつづけている。

小島由香理　Yukari Kojima

株式会社ＫＡＲＡ（カーラ）代表取締役。アシュタールのチャネルであるテリー・サイモン博士を日本に呼び寄せ、2010年に初の日本ツアーを開催、オーガナイザーとして現在に至る。その他にも、ヘミシンク・セミナー、国内外の著名な講師のプロデュース、国内外へのリトリート・ツアーなどを多岐に渡って行っている。ヴァージニア州 モンロー研究所公認ヘミシンク®アウトリーチ・ファシリテーター、アクアヴィジョン・アカデミー公認ヘミシンク®トレーナー、 エサレン®マッサージ・プラクティショナーなど多数の資格を保有。

www.studio-kara.com、www.yukarikojima.com、www.amanokah.com

アシュタール
愛、なぜこうなるの？

2018年7月24日　第1版第1刷発行

著　　者　テリー・サイモン

通　　訳　ラインハート有香
編　　集　北條明子（HODO）
装幀・DTP　細谷毅（HODO）
編集協力　小島由香理（株式会社ＫＡＲＡ）
イラスト　藤井由美子

発行者　大森浩司
発行所　株式会社 ヴォイス
〒106-0031 東京都港区西麻布3-24-17 広瀬ビル
0120-05-7770（通販専用フリーダイヤル）
☎ 03-5474-5777（代表）
03-5411-1939
www.voice-inc.co.jp

印刷・製本　株式会社光邦

ISBN978-4-89976-479-3　C0011
Printed in Japan